Edition Paashaas Verlag

EPV

Die im Buch veröffentlichten Ratschläge wurden von der Verfasserin sorgfältig erarbeitet und geprüft. Eine Garantie kann dennoch nicht übernommen werden; ebenso ist eine Haftung der Verfasserin bzw. des Verlages und seiner Beauftragten für Personen-, Sach- und Vermögensschäden ausgeschlossen.

Namen und Begebenheiten in den Geschichten sind frei erfunden. Ähnlichkeiten mit lebenden Personen und tatsächlichen Begebenheiten sind nicht beabsichtigt, sondern rein zufällig.

Krimiparty Sonderausgabe 11

Familien*bande*

Autor: Cornelia H.-Müller
Cover-Motive: Pixabay
Cover designed by Michael Frädrich

www.verlag-epv.de
ISBN: 978-3-96174-021-5
April 2018

Die Deutsche Nationalbibliothek verzeichnet diese Publikation in der Deutschen Nationalbibliografie; detaillierte bibliografische Daten sind im Internet über http://dnb.d-nb.de abrufbar.

Inhaltsverzeichnis

Einleitung

Mithilfe dieses Buches können Sie zu Hause gemeinsam mit Ihren Familienmitgliedern und Gästen auf Tätersuche gehen. Sie tauchen ein in einen spannenden Mordfall, ermitteln, befragen und bewerten Tatsachen und Aussagen.

Dabei werden von niemandem schauspielerische Fähigkeiten verlangt. Sie sitzen mit Ihren Mitspielern in gemütlicher Runde beisammen und versuchen gemeinsam, dem Täter auf die Spur zu kommen!

Zu jedem Krimi gibt es eine Geschichte des Verbrechens, die in der Runde vorgelesen wird und darüber informiert, was passiert ist, sowie Rollenbeschreibungen für alle Mitspieler und eine schlüssige Auflösung.

Die Krimis sind so angelegt, dass in einem Raum ermittelt wird. Ob Sie also im Wohnzimmer oder im Freien während eines Grillfestes versuchen, mit Ihren Gästen den Fall zu lösen, spielt keine Rolle.

Das Buch ist mit dem Internet gekoppelt.
Das benötigte Zubehör können Sie ganz einfach herunterladen und ausdrucken. Einladungen, Namensschilder, Kurztexte und Rollentexte finden Sie auf:

http://www.verlag-epv.de im Bereich Downloads unter Krimiparty.
Ihre Zugangsdaten lauten:
Benutzername: krimipartysb11
Passwort: hmueller18

So funktioniert ein Mitspielkrimi!

Erklärungen zur Durchführung

Lesen Sie die Grundgeschichte und die dazu gehörenden Rollen bitte gründlich durch. Überlegen Sie, welcher Mitspieler welche Rolle übernehmen soll. Es ist kein Problem, wenn einmal eine Dame eine Herrenrolle übernimmt oder umgekehrt. Wenn Sie allerdings auch mit ermitteln wollen, ohne zu wissen, wer der Täter ist, vergeben Sie die Rollen blind und lesen Sie keinesfalls die Auflösung durch. Auf diese Weise werden auch Sie als Gastgeber zum "echten" Ermittler.

Haben Sie einen Internet-Anschluss? Dann können Sie unter **www.verlag-epv.de** die einzelnen Rollen für Ihre Gäste herunterladen und ausdrucken. Sollten Sie diese Möglichkeit nicht haben, kopieren Sie sie aus dem Buch.

Die Rollentexte werden erst am Abend selbst an die Mitspieler vergeben. Versenden Sie sie bitte nicht mit der Einladung.

Bereiten Sie Namensschilder mit den Rollennamen für Ihre Gäste vor, diese werden am Spielabend mit einem Klebestreifen oder Klämmerchen für alle sichtbar angeheftet. Auch diese sind im Internet zum Download hinterlegt.

Drucken Sie die Kurzbeschreibung für Ihre Gäste aus; sie erleichtert den Einstieg und hilft, sich die neuen Spiel-Namen zu merken. Wenn möglich, drucken oder fotokopieren Sie für jeden Gast eine Kurzbeschreibung.

Der Spielablauf

Ihre Gäste werden sicher schon sehr gespannt sein, was sie erwartet. Damit Ihr Krimiabend zum Erfolg wird, noch folgende Tipps:

Schaffen Sie eine gemütliche Atmosphäre und vermeiden Sie zu helles Licht. Stellen Sie Kerzen oder kleine Lichter auf; dies schafft den richtigen Rahmen. Legen Sie bitte für jeden Gast Papier und Stift bereit. Notizen zur Geschichte und zu den einzelnen Aussagen der Mitspieler sind wichtige Stützen bei der Ermittlungsarbeit. Halten Sie bitte auch für jeden Gast die ausgedruckte Kurzbeschreibung des Falles bereit.

Haben Sie ein Abendessen für Ihre Gäste vorgesehen?

Dann dekorieren Sie die Kurzbeschreibungen mit auf der Tafel. Sie werden feststellen, dass es bereits beim Lesen dieser Information rege Gespräche und Verdächtigungen gibt. Wenn sich die Gäste untereinander noch nicht kennen, dient die Kurzbeschreibung ganz wunderbar als Eisbrecher.

Wenn Sie ein Menü mit mehreren Gängen servieren, gehen Sie wie folgt vor:

Verteilen Sie vor der Vorspeise die Namensschilder. Jeder Gast weiß nun, wen er heute Abend charakterlich vertritt.

Lesen Sie nach der Vorspeise den ersten Teil der Geschichte vor. Es ist in der Geschichte vermerkt, an welcher Stelle die Lesung unterbrochen werden kann, um den Hauptgang zu genießen.

Auf diese Weise wird Ihr Abend zu einem richtigen Krimidinner.

Nach dem Hauptgang lesen Sie den Rest der Geschichte vor.

Erst danach erhält jeder Gast seine persönliche Rolle, die aus Vorstellungstext und Geheimtext besteht. Diese Texte werden nun von den Mitspielern gründlich und vor allem diskret studiert. Wenn alle Gäste soweit sind und ihre Rolle gelesen haben, beginnt die Vorstellungsrunde. Alle Mitspieler lesen reihum ihren Vorstellungstext vor.

Der geheime Text enthält weitere Informationen und ergänzt die Geschichte; er wird nicht vorgelesen, sondern bietet Hintergrundinformationen, die jede einzelne Person zum Ermitteln benötigt und dann nach eigenem Geschick in die Ermittlungen einbringen kann. Der Mörder erfährt in seinem Geheimtext auch, dass er der Täter ist.

Nach der Vorstellungsrunde beginnen die Ermittlungen; durch Vorstellungs- und Geheimtext ergeben sich viele Fragen, die nun gestellt und beantwortet werden.

Lügen, darauf sollten Sie Ihre Gäste noch einmal hinweisen, darf wirklich nur der Täter. Alle anderen müssen sich nahe an der Wahrheit orientieren.

Wenn die Ermittlungen abgeschlossen sind, verteilen Sie Zettel, wo jeder seinen Namen und seinen Täterverdacht aufschreiben kann. Sammeln Sie die Zettel ein. Danach servieren Sie, wenn es vorgesehen ist, das Dessert.

Zum Abschluss lesen Sie als Gastgeber die Auflösung des Falles vor. Erst jetzt darf sich der Täter zu erkennen geben!

Geben Sie bekannt, wie viele anhand der eingesammelten Zettel den richtigen Täter ermittelt haben – eventuell machen Sie daraus sogar ein kleines Gewinnspiel, indem Sie etwas verlosen.
Beenden Sie den Abend mit der Verlesung des Schlusswortes; dieses sorgt sicher noch einmal für viel Spaß.

Wenn Sie kein Abendessen, sondern nur einen kleinen Snack planen, gehen Sie wie folgt vor:

- Begrüßung der Gäste und Verteilung der Namensschilder und der Kurzbeschreibung
- Verteilung von Papier und Bleistift für Notizen
- Vorlesen der Grundgeschichte
- Verteilen der Rollentexte
- diskretes Studieren der Rollentexte
- Vorstellungsrunde
- Ermittlungen
- Täterverdacht aufschreiben lassen
- Verlesen der Auflösung
- Bekanntgabe, wer richtig ermittelt hat
- und wenn es vorgesehen ist, Ziehung des Gewinners
- Verlesen des Schlusswortes

Häufig gestellten Fragen zur Durchführung:

Frage: Weiß der Mörder, dass er der Täter ist?
Antwort: Ja, dies steht ausdrücklich im Geheimtext seiner Rolle.

Frage: Dürfen die Gäste schummeln und flunkern?
Antwort: Nur der Mörder darf dies tun. Die anderen sollten sich nahe an der Wahrheit orientieren.

Frage. Ich habe mehr Gäste als Rollen. Was nun?
Antwort: Wir haben in der Geschichte sogenannte Gastrollen vorgesehen. Wenn es heißt: 7-10 Mitspieler, gibt es 7 größere Rollen und 3 kleinere Gastrollen. Die größeren Rollen müssen, die Gastrollen können besetzt werden.

Sollten Sie die doppelte Anzahl Gäste haben, können Sie an 2 Tischen gleichzeitig spielen. Bereiten Sie Rollen und Zubehör zweimal vor, lesen Sie die Geschichte zentral vor und ermitteln Sie danach an 2 Tischen. Sie werden sehen, dass auch dies reibungslos funktioniert. Vermutlich werden die Tische zu ganz unterschiedlichen Ergebnissen kommen; es kommt immer ganz darauf an, wie sich die einzelnen Mitspieler verhalten.

Frage: Müssen alle Gäste ungefähr gleich alt sein?
Antwort: Nein. Wir haben in unseren Testrunden mit Personen jeden Alters in gemischten Gruppen gespielt. Unsere Mitspieler waren von 16 bis 80 Jahre alt, und allen hat es großen Spaß bereitet!

Frage: Muss alles aus dem Vorstellungstext auch vorgetragen werden?
Antwort: Ja, der Text der Vorstellungsrunde ist so angelegt, dass er wichtige Informationen gibt, ohne die die Ermittlungen rasch langweilig werden.

Frage: Meine Frage war hier nicht aufgeführt; ich benötige Hilfe.
Antwort: Wenden Sie sich bitte an
glashauskrimi@glashauskrimi.de und schreiben Sie der Autorin eine Mail. Sie wird Ihnen alle anstehenden Fragen zum Gelingen Ihrer privaten Krimiparty gerne beantworten.

Die Einladung

Wenn Sie Ihre Gäste schriftlich einladen wollen, können Sie z. B. diesen Text als Vorlage nutzen. Im Internet finden Sie eine vorbereitete Einladung, die Sie ausdrucken können.

Einladung zur Krimiparty
Tatort: ___________________________

Die Ermittlungen beginnen

am ______

um ______ Uhr.

Für das leibliche Wohl ist ebenso gesorgt, wie für spannende Unterhaltung, denn es gibt tatsächlich einen Mord aufzuklären. Klar, dass wir dabei deine/eure Unterstützung benötigen.

Falls ihr eine Lesebrille tragt, vergesst sie bitte nicht, denn ihr erhaltet selbstverständlich Akteneinsicht.

Ich würde mich sehr freuen, wenn du/ ihr komm(s)t.
Herzliche Grüße

Antwort bitte per Tel. ____________________

Rollenverteilung:

„Familien*bande*" – ein Eifelkrimi

Dieser Krimi ist für ca. 8-10 Personen geeignet; 9 ist in diesem Falle die perfekte Besetzung.

Bei 9 Personen spielen mit:
Sophia Hase
Elfie Schmitz
Nick Bersbach
Michael (Michi) Räuber
Rolf Räuber
Maren Räuber
Vivienne Räuber
Nora Esser
Chris Custor

Bei 10 Personen spielt ein Beobachter mit

Bei 8 Personen:
Ohne Nick Bersbach, die Rolle von Nick kann von Chris Custor mit übernommen werden; er vertritt dann beide Rollentexte

Bei 7 Personen:
Sophia Hase wird nicht besetzt. Bitte lesen Sie aber unbedingt auch ihren Vorstellungstext vor.
Das Wissen von Sophia trägt der Spielleiter mit vor.
Auch die Zwischeninformation von Sophia gibt der Spielleiter am Tisch bekannt.

Die Vorstellungstexte müssen in folgender Reihenfolge vorgetragen werden:

Sophia Hase
Elfie Schmitz
Nick Bersbach
Michael (Michi) Räuber
Rolf Räuber
Maren Räuber
Vivienne Räuber
Nora Esser
Chris Custor
Evt. Beobachter

Zwischeninformation für Sophia: Seite 31
Bitte reichen Sie diese Zwischeninformation zirka 15 Minuten nach Beginn der Ermittlungen an Sophia, damit diese den Text dann vortragen kann.

Kurzbeschreibung zum Auslegen auf dem Tisch:

Familien*bande*
Ein Eifelkrimi zum Mitspielen von Cornelia H.-Müller

Das ist passiert:

Haben Sie schon vom tragischen Ende des Jagdaufsehers Willi Schmitz gehört?
Er fiel unglücklich vom Hochstand und brach sich offensichtlich das Genick. Und ob dies nicht genug Kummer für seine Frau wäre, wird in der Nacht nach diesem Unglück auch noch ins Haus des Verstorbenen eingebrochen.
Gestohlen wurde nichts, aber alles durchwühlt.
Wen oder was haben die Einbrecher gesucht? Und ist Willi tatsächlich verunglückt oder wurde nachgeholfen? Die Gerüchteküche in der Eifel brodelt jedenfalls, wie früher die Vulkane in der sanft geschwungenen Hügellandschaft. Vielleicht können Sie mit Ihrem TEAM hier am Tisch etwas Licht in die mysteriösen Vorkommnisse im beschaulichen Eifelort Ebersbach bringen.

Es spielen mit:

Sophia Hase von der Kripo Ebersbach

Michael Räuber, Bestatter und Friedhofsgärtner
Rolf Räuber, Inhaber der „Großmetzgerei Räuber“
Vivienne Räuber, Inhaberin des Salons „Der schicke Schnitt“
Maren Räuber, Mitarbeiterin Bestattungen Räuber
Chris Custor, Wirt der „Goldenen Gans“
Nora Esser, Servicekraft in der „Goldenen Gans“
Elfie Schmitz, geb. Räuber, Köchin in der „Goldenen Gans“

... und evtl. an dem einen oder anderen Tisch:

Nick Bersbach, Veterinärmediziner

Beobachter

Und hier noch ein Wort zu den Spielregeln:
Alle Mitspieler sollten sich nahe an der Wahrheit orientieren; schwindeln darf nur der Mörder!

Viel Vergnügen und einen Mordsspaß wünscht Ihnen

Cornelia Herbertz-Müller

Die Grundgeschichte zum Vorlesen:

Das ist passiert:

„Morgen Chef, sorry, bin etwas zu spät, weil ich die Uschi noch beim Friseur absetzen musste“, erklärte Dieter Schäfer seiner Vorgesetzten, als er an diesem Mittwochmorgen um 10 Minuten nach acht die kleine Wache in Ebersbach betrat.
Sophia Hase, seit 3 Monaten die leitende Kriminalkommissarin in dem beschaulichen Eifelort, sah erstaunt auf.
„Aber der Salon liegt ist doch nur ein paar Ecken weiter.“
Dieter winkte ab und lächelte gutmütig.
„Meine Uschi geht im Moment nicht mehr in den „Schicken Schnitt“ zu der Vivienne Räuber, sondern in den Salon Weller, drüben in Hillesheim. Sie hat gerade Streit mit der Vivienne, seit ... ach, das ist so ein Kinkerlitzchen-Weiberkram, Sie wissen schon!“
Er setzte sich an seinen Schreibtisch, packte die rote Brotdose aus seinem Jutebeutel in das obere rechte Schreibtischfach, rückte das Telefon zurecht und sah aus dem Fenster.
„Wird ein schöner Tag heute. Da könnten wir an der Schnellstraße mal wieder eine Verkehrskontrolle machen, oder?“

Sophia schüttelte den Kopf, stand auf und trat an einen der Aktenschränke.
„Ich habe da an etwas anderes gedacht“, erklärte sie schelmisch lächelnd und betrachtete die sorgfältig mit Hand beschriebenen Etiketten der grauen Ordner.
„Ich habe mir überlegt, dass wir uns heute mal der alten, ungelösten Fälle hier aus Ebersbach annehmen. Da schlummert bestimmt der eine oder andere spannende und ungelöste Kriminalfall, oder?“
Ebenso erwartungs- wie hoffnungsvoll sah sie ihren Kollegen an.
Dieser lehnte sich zufrieden zurück und faltete die Hände über der Brust „Nee, Chef, da werden Sie nichts finden“, stellte er mit bei-

nahe triumphalen Gesichtsausdruck fest. „Der einzige Fall, der hier, sagen wir mal vorsichtig, etwas rätselhaft ist, ist der von Swantje Räuber. Die ist weg und ihre Schwester Vivienne möchte seit Monaten, dass wir eine Vermisstenanzeige aufnehmen. Ist aber Blödsinn."
Sophia wurde sofort hellhörig.
„Wie jetzt? Wir haben einen Vermisstenfall und Sie sagen mir nichts davon?"

„Nee, Chef, wirklich, das ist kein Fall. Das war so: Swantje Räuber ist die Schwester von Vivienne Räuber. Die Vivienne vom Salon „Der Schicke Schnitt" ist die Ehefrau vom Rolf Räuber. Dem gehört die Metzgerei, wo Sie morgens immer Ihre Brötchen holen. Haben Sie übrigens mal die Maisbrötchen mit Huhn probiert? Uschi sagt immer, die seien die besten vom Räuber. Naja, auf jeden Fall ist die Swantje die Ehefrau vom Michael Räuber, drüben vom Bestattungsunternehmen und der Friedhofsgärtnerei. Und Swantje hat den Michael vor ein paar Monaten verlassen, was die Vivi, also die Vivienne, nicht wahrhaben will.
„Und was sagt der Ehemann, also dieser Michael Räuber dazu?"
Dieter sah traurig aus dem Fenster, trommelte mit den Fingern der rechten Hand auf der Schreibtischplatte und seufzte tief.
„Was Männer eben so tun, in solchen Situationen. Sie leiden still und reden nicht drüber. Kann man ja auch irgendwie verstehen!"
„Ja, aber irgendwas wird er ja dazu gesagt haben. Suchen Sie mir mal den Bericht dazu raus!"
„Den Bericht? Es gibt keinen Bericht. Es war ja kein richtiger Fall!"
Die junge Kriminalkommissarin sah ihren Kollegen erstaunt an.
„Sie haben nichts unternommen?"
Dieter schüttelte den Kopf.
„Da gab es nichts zu unternehmen, glauben Sie mir! Ich hab mit der Vivienne, dem Rolf, der Elfie, der Maren und dem Michael gesprochen, da war alles klar."
„Wer sind denn nun wieder die Elfie und die Maren?"
„Das ist so Chef; die Maren, der Rolf, der Michael Räuber und die Elfie Schmitz, das sind alles Geschwister. Die Maren ist unverheira-

tet und die Elfie ist die Frau vom Willi Schmitz. Na, jedenfalls ist die Swantje Meeresbiologin und hat sich nie so richtig eingelebt hier in der Eifel. Können Sie das verstehen? Ich meine, wo lebt man so schön wie hier? Komische Frau ist das. Auf jeden Fall ist die Swantje vor Monaten weg ... mit Koffer und so. Michael sagt, sie sei auf der Suche nach irgendwelchen Walen und nach sich selbst. Er will ihr Zeit lassen. Er sagt, sie käme schon wieder, die Swantje. Und wenn der Michi das sagt, dann ist das so."

Sophia Hase starrte ihren Kollegen ob dieser Logik einen Moment verblüfft an.

Dann stand sie auf und griff nach ihrer Handtasche.

„Ich fahre jetzt mal rüber zum „Schicken Schnitt" und höre, warum Vivienne Räuber offensichtlich anderer Meinung ist, als ihr Schwager Michael. Und Sie halten hier die Stellung. Wenn was ist, wissen Sie ja, wo Sie mich finden."

Sophia verließ das Büro und ging hinaus zu ihrem Wagen. Gerade, als sie einsteigen und losfahren wollte, riss Dieter Schäfer das Fenster der Wache auf.

„Chef", rief er laut.

„Den Friseur müssen Sie vertagen. Wir haben eine Leiche im Wald!"

Der Jagdaufseher Willi Schmitz lag in seltsamer Verrenkung auf dem Rücken neben dem Hochstand im Ebersbacher Forst. Seine Augen starrten ins Leere und als Sophia ihm mit geübtem Griff an die Halsschlagader fasste, war ihr schon vorher klar, dass hier nichts mehr zu machen war.

Neben ihr stand der Tierarzt Nick Bersbach und nickte bestätigend: „Mausetot, der Willi. Vermutlich Genickbruch." Er sah hinauf zum Hochstand. „Ich nehme an, er hat sich da angelehnt und zack ... einfach über die Jahre morsch geworden, die Bretter!"

Sophia folgte seinem Blick; tatsächlich waren an der Absturzseite die Hölzer auf der Plattform durchbrochen und ragten ins Leere. Dann wandte sie sich wieder an den Veterinärmediziner: „Was

meinst du, war er sofort tot?“
„Sieht ganz danach aus. So, wie er daliegt, hat er sich nach dem Sturz nicht mehr bewegt. Soll ich die Elfie, also seine Frau, benachrichtigen?“
Sophia beugte sich erneut tief über den Toten. „Das Gesicht sieht ja schlimm aus“, murmelte sie nachdenklich und betrachtete die mit Blut verkrustete Nase des Toten.
Der Doktor trat näher und nickte. „Vielleicht ist er draufgefallen?“
„Unwahrscheinlich. Er liegt doch auf dem Rücken!“
Sophia zog ein paar Einmalhandschuhe aus ihrer Jackentasche und trat zu der Leiter, die hinauf zur Plattform führte. „Ich sehe mich mal da oben um. Kennst du die Elfie Schmitz persönlich?

Bersbach nickte. „Streng genommen kennst du sie auch. Elfie kocht in der „Goldenen Gans“. Du hast doch schon ein paar Mal da gegessen; ihre Spetzkniedeln sind der Hammer.“
„Gegessen ja“, bemerkte Sophia nachdenklich, „aber nicht die Köchin kennengelernt. Aber wenn du ihr die traurige Mitteilung machen könntest, das wäre gut. Ich habe ja noch eine Weile hier zu tun und fahre dann später noch zu ihr. “
Dann gab sie Nick einen Kuss und stieg vorsichtig die Leiter zum Hochstand hinauf.

Wenn in der Eifel die Totenglocken läuten, ist nach 10 Minuten bekannt, wer gestorben ist.
Elfie Schmitz wurde schon kurz nach Nicks Besuch und dem Überbringen der Todesnachricht von ihrer Schwester Maren abgeholt. Als Sophia zwei Stunden später zum Haus der Familie Schmitz kam, um Elfie zu befragen, traf sie niemanden mehr an.

Am Abend war Hochbetrieb in der „Goldenen Gans“; der Wirt Chris Custor kam mit dem Zapfen kaum nach und die Servicekraft Nora Esser hatte ausgerechnet in dieser Woche Urlaub.

An der Theke saß Sophia, studierte hungrig die Speisekarte und wandte sich an Chris, der ihr soeben ein Glas Weißwein servierte.

„Ich hätte gerne die Spetzkniedel mit einem großen Salat dazu!"
Der Wirt schüttelte bedauernd den Kopf.
„Die Küche ist heute geschlossen. Elfie fällt ja verständlicherweise aus und so schnell finde ich keinen Ersatz!"
Sophia klappte die Karte mit einem enttäuschten Seufzer zu und deutete in den voll besetzten Gastraum. „Es scheint ja so, als sei heute ganz Ebersbach auf den Beinen. Sind die alle wegen Willi Schmitz hier?"
Custor schüttelte den Kopf.
„Haben Sie es denn noch nicht gehört? Der Lottojackpot wurde am Wochenende geknackt. Und das Los mit dem Hauptgewinn wurde hier in Ebersbach, in der Lottobude an der Querstraße oben, verkauft. Jetzt rätselt hier jeder, wer der glückliche Gewinner von 8,7 Millionen Euro ist!"

Die Kommissarin riss erstaunt die Augen auf und schlug vor Begeisterung mit der Faust auf die Theke. „Das gibt's doch nicht! Das heißt, hier in Ebersbach läuft jetzt ein Millionär `rum?"
Custor nickte.
„Ja, aber der Gewinner hat sich noch nicht bei der Lottogesellschaft gemeldet. Es kann auch sein, dass der oder die Glückliche noch gar nicht gemerkt hat, dass er oder sie gewonnen hat."
„Das ist ja ein Ding. Ich habe auch Lotto gespielt. Welche Zahlen wurden denn gezogen?"
Chris Custor deutete auf eine mit Kreide beschriebene Schiefertafel hinter der Theke.
„Da stehen die Zahlen; ich schreibe sie jeden Samstagabend auf die Tafel, sobald die Ziehung raus ist. Wir haben ja einige Tippgemeinschaften hier im Dorf. Sonst noch einen Wunsch? Ich muss ins Kühlhaus, ein neues Bier anstechen."

Sophia sah auf die Tafel und schüttelte den Kopf.
„Das sind ja kuriose Zahlen. 5, 6, 7, 15, 16, 17; wer tippt denn so was? Aber mal eben zu Willi Schmitz: Sie kannten ihn doch gut. Er war doch hier Stammgast, oder? War er irgendwie anders in der letzten Zeit? Gab es etwas Besonderes?"

„Anders ... Was heißt das schon? Gute Laune hatte er die letzten Wochen, aber sonst? Mir ist nichts aufgefallen. Aber fragen Sie mal Ihren Freund, den Dr. Bersbach. Der ist doch jeden Montagabend mit den Räuber-Brüdern und Willi zum Stammtisch hier. Wobei mir jetzt einfällt, am Montag war Willi gar nicht dabei. Hilft das weiter? Ich muss jetzt wirklich dringend das Fass austauschen; wenn mir noch was zu Willi einfällt, sag ich Ihnen Bescheid."

Mit den Worten: „Gut, dass Sie endlich da sind", empfing Michael Räuber die Kommissarin am nächsten Morgen an der Eingangstüre des Einfamilienhauses von Willi und Elfie Schmitz. „Ich sollte nach den Blumen gucken und jetzt sehen Sie sich das mal an."
Er ließ Sophia eintreten und ging voraus ins Wohnzimmer.
Der Raum war offensichtlich durchwühlt worden. Alle Schranktüren standen offen; die Schubladen waren herausgezogen und auf dem Teppich entleert worden und die Sofakissen lagen verstreut auf dem Boden herum.
„Sieht so aus, als habe jemand was gesucht", murmelte Sophia nachdenklich und ging zurück in die Diele. Sie sah sich um und öffnete wahllos eine der Türen in dem schmalen Flur.
„Da geht's runter in den Keller; aber Vorsicht, die Steintreppe ist sehr steil", beeilte sich Michael zu sagen. „Und da", er deutete auf die nächste Türe, „da geht es in die Küche. Da ist auch alles durchwühlt. Wenn die Elfie das sieht, bekommt sie den nächsten Schock! Maren kommt gleich, wir räumen alles auf, bevor Elfie nach Hause kommt!"
„Sie werden gar nichts tun!", stellte Sophia in strengem Ton fest.
„Hier muss erst mal die Spurensicherung rein, und dann sehen wir weiter! Aber eigentlich es ist gut, dass wir beide uns hier treffen. Ich habe da ein paar Fragen zu Ihrer verschwundenen Ehefrau, wie heißt sie noch gleich?"
Michael sah erstaunt auf. „Swantje? Was wollen Sie denn wissen? Hat Vivienne Sie jetzt auch schon verrückt gemacht mit ihrer Mord-Theorie?"

Nora Esser lag auf dem Bett in ihrer kleinen Dachgeschosswohnung und versuchte zu schlafen. Die Kopfschmerzen hatten nachgelassen, aber sie fühlte sich nach wie vor elend. Wehmütig blickte sie auf die neben ihrem Bett platzierten, gepackten Koffer. Sie seufzte tief und setzte sich dann auf. Vielleicht würde ihr ein Spaziergang durch den Forst guttun.

Vivienne stand am Grab von Ottilie Abfalter und legte einen Blumenstrauß nieder.
„Ich werde für Gerechtigkeit sorgen!“, flüsterte sie mit Tränen erstickter Stimme und warf eine Kusshand ins Grab. Als sie ihren Schwager Michael mit einer großen Schubkarre Blumenerde über den Weg kommen sah, entfernte sie sich schnellen Schrittes.

Wenn Sie ein Dinner dürchführen, können Sie jetzt unterbrechen und den Hauptgang servieren.

„Warum hast du mir gar nicht gesagt, dass Willi am Montag nicht beim Stammtisch war?“
Dr. Nick Bersbach sah verwundert von seinem Schreibtisch auf. „Für diese Frage kommst du in meine Sprechstunde?“
Sophia nickte. „Ja, ich muss dich das fragen. Elfie Schmitz kann ich nach wie vor nicht vernehmen; sie ist bei Maren Räuber und die passt auf ihre Schwester auf, wie eine Henne auf ihre Küken. Rolf Räuber ist laut einer Mitarbeiterin im Kühlhaus beschäftigt und Michael Räuber hat gerade eine Beerdigung. Somit bist du im Moment der einzige, der mir sagen kann, wie das war am Montagabend.“
„Dass Elfie nicht vernehmungsfähig ist, glaube ich gerne. Erst der Schock über Willis Tod, dann der Einbruch. Seid ihr da schon weiter?“
Sophia schüttelte den Kopf. „Es wurde das komplette Haus durchsucht, aber so wie es jetzt aussieht, nichts gestohlen. Großartige Wertsachen hatten die beiden auch nicht; ihren Schmuck hatte Elfie mit zu ihrer Schwester Maren genommen. Es sieht so aus, als habe der oder die Einbrecher etwas ganz Bestimmtes gesucht! Da ich Elfie aber nicht befragen kann, komme ich hier nicht weiter. Also, warum war Willi nicht beim Stammtisch? Gab es einen be-

sonderen Grund?“

Bersbach sah nachdenklich aus dem Fenster. „Ich weiß das gar nicht mehr so genau. Willi kam nicht. Punkt. Ich habe angenommen, dass er krank ist!“

„Angenommen? Hast du nicht mal nachgefragt? Elfie arbeitet doch dort in der Küche. Da liegt es doch nahe, dass man fragt, oder?“

Nick zog die Schultern hoch.

„DU kannst Fragen stellen. Mein Wartezimmer sitzt voll. Können wir das nicht heute Abend besprechen? Wir essen zusammen und dann verrate ich dir auch gute Neuigkeiten zu der von dir so dringend gesuchten Garage. Ich weiß nämlich, wo eine frei ist, gar nicht weit von deiner Wohnung entfernt.“

Sophia sah erfreut auf. „Das sind ja mal gute Nachrichten. Wo genau ist es denn?“

„Erzähle ich dir alles heute Abend“, erklärte Nick und schob Sophia sanft aber bestimmt in Richtung Ausgang.

Elfie setzte sich im Gästebett auf und sah auf die Valium-Tablette und das Glas Wasser, das Maren ihr reichte.

„Nimm ruhig noch eine, die tut dir gut“, stellte ihre Schwester im halbdunklen Gästezimmer fest.

„Die Polizei soll mal ruhig noch ein paar Tage warten mit der Fragerei! Ich fahre jetzt zu Rolf und kaufe etwas ein. Hast du Hunger auf etwas besonderes?“

Elfie schüttelte den Kopf.

„Na, dann hole ich mal Eifelschweinsalami und Landbrot, das schmeckt immer!“

Kaum hatte ihre Schwester das Zimmer verlassen, nahm Elfie die Tablette und steckte sie tief in die Erde der kleinen Topfpflanze neben ihrem Bett.

Es wurde Zeit, wieder einen klaren Kopf zu bekommen und sie hatte es satt, die trauernde Witwe zu spielen.

„Chef, ich habe Ihnen doch erzählt, dass Uschi jetzt zum Salon Weller geht und nicht mehr zu Vivienne. Und Sie glauben nicht, was ihr die Frau Weller gesteckt hat. Die beiden haben natürlich über den toten Willi Schmitz gesprochen und die Frau Weller, die sagt ja, dass Elfie Schmitz in der Goldenen Gans nicht nur die Küche betreut, sondern auch den Wirt!“

Interessiert lauschte die Kommissarin in den Hörer und rührte mit einer langen Gabel die Spaghetti um, die in dem Topf vor ihr in dem sprudelnden Wasser kochten.
„Sie meinen, Elfie Schmitz hat ein Verhältnis mit ... Chris Custor?“
„Ja, Chef, so soll das sein. Und da Elfie durch ihre Kochstelle sowieso immer in der Goldenen Gans ist, fällt das kaum auf. Die Frau Weller ist aber eine Kusine von Helene Gruber und die putzt sonntags und mittwochs immer die Gaststätte. Und diese Frau Gruber hat entsprechendes berichtet.“
„Und das ist eine sichere Quelle?“
„Natürlich, Chef, todsicher. Auf das, was beim Friseur in der Eifel besprochen wird, kann man sich 100% verlassen.“

Vorstellungstext Sophia Hase – Nr. 1

Ich habe interessante Neuigkeiten für Sie:

Willi Schmitz kam, das ist inzwischen sicher, nicht durch einen Sturz vom Hochstand ums Leben. Dies haben all unsere Untersuchungen zweifelsfrei ergeben.

Hinzu kommt, dass unser Opfer bereits in der Nacht von Samstag auf Sonntag starb. Im Wald, an der Fundstelle, kann er aber erst kurze Zeit gelegen haben; die Leiche würde sonst andere Spuren der Verwesung oder auch Tierfraß aufweisen.

Wir gehen davon aus, dass Herr Schmitz in den Tagen zwischen seinem Tod und dem Auffinden der Leiche am Mittwoch kühl aufbewahrt wurde; hier kommt ein Kühlhaus oder ähnliches in Frage. Tiefgefroren in einer haushaltsüblichen Gefriertruhe war er nicht.

Unser Opfer starb an den Folgen eines schweren Schädel-Hirn-Traumas. Neben einer tödlichen Hinterkopfverletzung gab es auch eine Verletzung im Gesicht. Willi Schmitz hat kurz vor seinem Tod einen Nasenbeinbruch erlitten.
Die Verletzungen im Gesicht sind ihm mit einem schweren, glatten Gegenstand beigebracht worden, die Hinterkopfverletzung wies Steinabrieb auf. Wie das alles zusammenhängt, weiß ich noch nicht; ich bin aber sicher, dass wir schon in Kürze ein Stückchen weiter sind.

Rätselhaft ist auch der Einbruch in das Haus der Eheleute Schmitz in der Nacht von Mittwoch auf Donnerstag. Die Wohnung wurde durchwühlt, aber es wurde nichts gestohlen. Sogar ein wertvolles, altes silbernes Besteck, immerhin 90-teilig, ist noch da. Was also haben die oder der Täter gesucht?

Und, Frau Schmitz, ich muss Sie das fragen: Ihr Mann war schon

einige Tage tot, bevor er gefunden wurde – warum haben Sie ihn nicht als vermisst gemeldet?
Und warum sind Sie bei Ihrer Schwester Maren abgetaucht, bevor ich mit Ihnen sprechen konnte?

Und die Frage an Sie und alle anderen lautet natürlich:
Wann haben Sie zuletzt Kontakt mit Herrn Schmitz gehabt, beziehungsweise wann haben Sie ihn zuletzt lebend gesehen?
Und ist jemandem der Wagen von Herrn Schmitz aufgefallen? Er fuhr einen dunkelblauen VW-Passat-Kombi.

Hier ist jede Beobachtung hilfreich.

Hinweise Sophia

Weitere Informationen für dich! Du darfst von all diesem Wissen in der Ermittlungsrunde Gebrauch machen! Wenn du etwas gefragt wirst, solltest du die Wahrheit sagen, denn du bist nicht der Täter und hast nichts zu befürchten.

Vorab:

Du wurdest vor einiger Zeit von Köln in die Eifel versetzt und so langsam lebst du dich ein; inzwischen bist du mit Dr. Nick Bersbach liiert. Der Tote wurde von Nick gefunden und gemeldet; er war zum Joggen im Wald unterwegs.

Nun zu unserem Fall:

Willi Schmitz wurde im Wald an einer Stelle gefunden, die man nicht mit einem Fahrzeug erreichen kann. Die Spusi hat allerdings Radspuren gefunden, die sie einer Schubkarre zugeordnet hat. Diese Spuren führen von dem auf dem Parkplatz sichergestellten Wagen des Toten bis hin zum Hochstand. Der Tote wurde mit seinem eigenen Wagen bis zum Parkplatz am Forst verbracht. Ein Leichenspürhund hat am Wagen von Willi Schmitz angeschlagen und im Kofferraum gibt es Blutspuren des Opfers. Vermutlich wurde die Leiche am Parkplatz in eine Schubkarre umgeladen, bis zum Hochstand gefahren und dort abgelegt. Ein kräftiger Mann kann dies durchaus alleine getan haben; eine Frau sicher eher nicht; sollte also eine Frau die Täterin sein, müsste sie eine/n Komplizen/in gehabt haben.
Erzähle den anderen von all diesen Erkenntnissen.

Der Tote hatte nur ein Portemonnaie mit etwas Bargeld und seine Papieren in der Hosentasche; keinen Haustür- oder Autoschlüssel. Wo sind diese Gegenstände? **Erzähle den anderen davon.**

Wo hat Willi sich vor seinem Tod aufgehalten? Versuche, mit den Aussagen der anderen ein Bewegungsprotokoll anzufertigen und

kreise so den Todeszeitpunkt ein.
Wo war die Leiche zwischen dem Todeszeitpunkt Samstagnacht und dem Auffindetag Mittwochmorgen?
Wer verfügt über eine entsprechende Kühleinrichtung, um eine Leiche längere Zeit unbemerkt aufzubewahren?
Und wo war das Auto von Willi Schmitz in dieser Zeit? Es handelt sich um einen blauen VW-Passat-Kombi.

Zum Einbruch:
Die Täter sind durch ein Fenster ins Haus eingedrungen. Laut Elfie wurde nichts gestohlen. Fast hast du den Eindruck, als habe sich der Täter Mühe gegeben, nichts zu zerstören. Das Durcheinander, welches er angerichtet hat, ist mit wenigen Handgriffen wieder zu beseitigen. **Sprich auch dies an.**

Du hast bei der Lottogesellschaft angerufen; der Gewinn der Millionen vom Wochenende geht tatsächlich nach Ebersbach; allerdings hat sich der Gewinner noch nicht gemeldet.
Berichte den anderen davon.

Zu Swantje:
Frage Vivienne nach den Umständen des Verschwindens ihrer Schwester. Warum denkt sie, dass hier ein Verbrechen vorliegt? Und warum denkt **Michael** ganz anders?

Und noch etwas Privates zum Schluss:
Frage Nick, wo genau die Garage für dein Cabrio frei ist, beziehungsweise wer sie vermietet. Dies ist eben völlig untergegangen.

Nach den Ermittlungen schreibt jeder auf, wen er für den Täter hält, und später lösen wir den Fall gemeinsam auf.

Zwischeninformation für Sophia:

Dieter Schäfer hat soeben gemeldet:
Der Koffer von Willi Schmitz wurde auf dem Kinderspielplatz in der Ortsmitte von Ebersbach gefunden. Eine Mutter, die mit ihren Kindern regelmäßig auf dem Spielplatz ist, hat den Koffer entdeckt. Sie rief sofort die Polizei, da herrenlose Gepäckstücke in diesen Tagen immer verdächtig sind. Die Frau sagte aus, der Koffer sei am Dienstagnachmittag noch nicht dort gestanden; sie hätte ihn sonst sofort entdeckt.

In Willis Wagen wurde sein Smartphone gefunden; er hat Sonntag und Montag mehrere Anrufe erhalten. Der Anrufer ist inzwischen durch die Telefonnummer identifiziert. Es war Nora Esser, die an diesen Tagen mehrfach seine Nummer gewählt hat.

Heute Morgen hat Dieter Schäfer im Wald Autoschlüssel eines VW-Passat- Kombi gefunden. Sie lagen in der Nähe des Hochstandes im Gebüsch. Es ist ein Anhänger daran mit den Initialen WS; es werden also ziemlich sicher Willis Autoschlüssel sein. Er hat sich dann noch etwas genauer umgesehen und auch eine Schubkarre gefunden; sie war im Unterholz versteckt.
Berichte den anderen davon.

Vorstellungstext Elfie Schmitz – Nr. 2

Ich kann Ihre Frage, warum ich Willi nicht als vermisst gemeldet habe, gut verstehen. Die Erklärung ist ganz einfach: Ich dachte, er sei verreist; dies hat er mir jedenfalls am Samstag so erklärt.

Wissen Sie, Frau Hase, hier in der Eifel gehen die Uhren ein bisschen anders als in Köln. Da kommen Sie doch her, oder? Wir rennen nicht immer sofort auseinander, wenn eine Ehe in die Jahre gekommen ist. Allerdings muss ich zugeben, dass unsere Ehe wirklich kurz vor einer Scheidung stand.

Willi war ein sehr attraktiver Mann und er hatte in den 25 Jahren unserer Ehe immer wieder mal eine Affäre. In den letzten Wochen hatte er auch wieder eine Freundin. Er blieb mehrfach über Nacht weg, ohne sich abzumelden. Am Samstagmorgen hat er dann einen Koffer gepackt und mir gesagt, er sei für eine Woche weg. Ich habe nicht weiter nachgefragt; es war mir völlig gleichgültig.

Ich habe mir mit der Zeit ein eigenes Leben aufgebaut. Unsere 3 Kinder sind alle aus dem Haus und weggezogen aus der Eifel. Leider kann ich nicht Autofahren und habe auch keinen Führerschein. Daher war es ein Glück, dass ich die Stelle in der „Goldenen Gans“ gefunden habe. Ich koche hier jeden Abend und es macht mir großen Spaß. Vor allem aber habe ich ein eigenes Einkommen. Ich habe ja keinen Beruf gelernt; Willi und ich haben geheiratet, da war ich gerade18 Jahre alt.

Nach der Todesnachricht durch Dr. Bersbach wollte ich eigentlich bei uns zu Hause bleiben, aber meine Schwester Maren hat mich gedrängt, mit zu ihr nach Hause zu kommen. Sie meinte eben, es sei nicht gut für mich, in so einer Situation alleine zu sein und Maren zu widersprechen ist ziemlich sinnlos.

Wäre ich zu Hause geblieben, dann hätte der Einbruch vermutlich verhindert werden können. Naja, es wurde ja nichts gestohlen;

aber das Gefühl, dass jemand im Haus war und alles durchgeschnüffelt hat, ist ziemlich unangenehm. Ich werde das Haus jetzt so schnell wie möglich aufgeben und versuchen, zur Normalität zurückzukehren.

Wo ist übrigens Willis Gepäck? Haben Sie irgendwas im Auto gefunden?

Hinweise Elfie

Weitere Informationen für dich! Du darfst von all diesem Wissen in der Ermittlungsrunde Gebrauch machen! Wenn du etwas gefragt wirst, solltest du dir deine Antwort gut überlegen, denn du bist die Täterin und hast einiges zu befürchten.

Vorab musst du wissen:
Das Haus in dem du mit Willi gelebt hast, gehört deinem Bruder Rolf. Rolf möchte das Haus gerne verkaufen; er hat ein Kauf-Angebot von einem Investor, der genau an dieser Stelle ein Hotel bauen möchte. Du warst einverstanden. Willi war dagegen. Da der Mietvertrag seinerzeit von Willi unterzeichnet wurde, konntest du Rolf nicht helfen. Dies hat dich sehr geärgert, denn Willi war Rolf einiges schuldig:
Willi war vor vielen Jahren schuldhaft an einem Unfall beteiligt, bei welchem Rolf schwer verletzt wurde. Rolf hat seitdem ein Rückenleiden und konnte in der Folge den Betrieb der Eltern nicht übernehmen. Du warst damals schon mit Willi verheiratet, daher hat Rolf mit Rücksicht auf dich und den Familienfrieden auf eine Klage gegen Willi verzichtet.
Erzähle den anderen davon.

Du hast seit einiger Zeit ein Verhältnis mit Chris Custor, dem Wirt der „Goldenen Gans“. Ihr versteht euch sehr gut. Da Willi zu keiner Zeit eurer Ehe treu war, hattest du hier kein schlechtes Gewissen. Ihr habt es aber noch geheim gehalten; zunächst wolltest du mit der Familie über das Aus deiner Ehe beraten. Außerdem ist die Eifel recht katholisch geprägt; Chris hatte Bedenken, dass ihm Gäste ausbleiben, wenn euer Verhältnis bekannt wird.

Nun zu den Ereignissen der letzten Tage:
Samstagabend warst du zirka gegen 22:00 Uhr aus der „Goldenen Gans“ zurück. Du hast dir im Fernsehen die Nachrichten angesehen; hier kamen zum Schluss die Lottozahlen: 5, 6, 7, 15, 16, 17. Diese Zahlen tippt Willi seit Jahren. Du kennst sie auswendig. Dein

Mann hebt die Lottoquittungen in einer Dose in der Küche auf. Du hast die Quittung sofort verglichen. Es waren die richtigen Zahlen und sogar die Superzahl stimmte. In deiner Begeisterung hast du eine Flasche Sekt aus dem Keller geholt. Als du wieder aus dem Keller kamst, stand plötzlich Willi mit der leeren Dose vor dir. Er brüllte dich an und forderte den Lottoschein. Es gab ein Wortgefecht und eine Rangelei. Du hast ihm in deiner Not mit der Sektflasche einen heftigen Schlag ins Gesicht gegeben; er strauchelte und fiel rücklings die steile Steintreppe in den Keller hinunter. Du wolltest ihm helfen, aber er war tot. Du bist in Panik geraten; wer sollte dir Notwehr oder einen Unfall glauben? Du warst unverletzt und Willi hatte eine schwere Verletzung vom Schlag mit der Sektflasche im Gesicht. Du hast zunächst versucht, Willi alleine die Kellertreppe hinaufzuziehen; dies stellte sich als unmöglich heraus. Rolf konntest du nicht um Hilfe bitten; er hat ja das Rückenleiden. Chris hatte noch Gäste in der „Goldenen Gans", ihn konntest du auch nicht bitten. Also hast du deinen Bruder Michael angerufen. Er ließ sich überreden, dir zu helfen. Michael hat Willi mit dir gemeinsam die Kellertreppe hinaufgetragen und ihn in den Kofferraum seines eigenen Wagens gelegt. Dann habt ihr die Kellertreppe geschrubbt, um das Blut zu entfernen. Als Michael kurz darauf mit Willis Auto wegfahren wollte, um ihn irgendwo im Wald abzustellen, war der Wagen mit der Leiche verschwunden. Er wurde, so verrückt das klingt, gestohlen. Michael hat dir geraten, dich einfach weiter so zu verhalten, als sei nichts geschehen. Offiziell war Willi ja im Urlaub. Wie die Leiche zum Hochstand gekommen ist, weißt du nicht.

Vom Lottogewinn hast du bisher niemandem erzählt. Du hast den Schein gut versteckt und willst abwarten, bis sich der Trubel etwas gelegt hat.
Ob der Einbruch in euer Haus mit dem Lottogewinn zu tun hat? Es kann doch niemand wissen, welche Zahlen Willi getippt hat, oder? Behaupte einfach, nichts von Willis Lottoaktivitäten gewusst zu haben.

Wer ist Willis Geliebte? Versuche herauszufinden, ob eventuell Nora Esser oder Vivienne ein Verhältnis mit deinem Mann hatten. So kannst du weiter von dir ablenken.

Willi hatte mit Nick Bersbach, Rolf und Michael einen wöchentlichen Stammtisch in der „Goldenen Gans“. Die vier, Nora und Chris hatten zusammen eine Lottotippgemeinschaft; Willi hat hier einen Dauerschein laufen und kassierte das Geld von den anderen immer bar beim Stammtisch. Wo Willi diesen Dauerschein aufbewahrt, weißt du nicht.
Sprich die Lottotippgesellschaft an; dies schafft Verwirrung und die kannst du gut gebrauchen, um von dir abzulenken.
Bleibe dabei, dass du Willi seit Samstagmittag nicht mehr gesehen hast.

Gib auf keinen Fall ein Geständnis ab; es kommen einige Personen als Täter in Frage.
Nach den Ermittlungen schreibt jeder auf, wen er für den Täter hält, und später lösen wir den Fall gemeinsam auf.

Vorstellungstext Michael Räuber – Nr. 3

Ich habe vor einigen Jahren das Unternehmen vom Vater übernommen; die Räubers sind seit Generationen Bestatter und Friedhofsgärtner in der Eifel und einer von uns Söhnen musste den Laden weiterführen, als der Vater es aus gesundheitlichen Gründen nicht mehr konnte. Rolf hatte als junger Mann einen Autounfall und seitdem ein Rückenleiden; er kam nicht in Frage und hatte ja auch längst mit der Großmetzgerei sein Ein- und Auskommen.

Bevor ich zurück in die Eifel kam, habe ich in Norwegen Meeresbiologie studiert. Meine Frau Swantje ist ebenfalls Meeresbiologin. Wir haben während des Studiums in Norwegen, Swantjes Heimatland, geheiratet und waren dort sehr glücklich. Rolf und Vivienne haben sich damals übrigens auf unserer Hochzeit kennengelernt; aber das nur am Rande.
Jedenfalls wurde unser Vater vor einigen Jahren krank und ich musste hierher zurück, um ihm zu helfen. Das war selbstverständlich für mich. Unsere Mutter starb bei meiner Geburt und Vater hat uns alleine aufgezogen und auch mein Studium finanziert. Jetzt brauchte er mich. Als er im letzten Jahr starb, da wollte Swantje, dass ich hier alles verkaufe und mit ihr zurück nach Norwegen gehe. Zugegebenermaßen hatte ich ihr das versprochen, als wir herkamen. Aber ... es ist nicht so einfach, einen Familienbetrieb zu verkaufen. Unsere Schwester Maren lebt ja auch davon; sie managt den kaufmännischen Bereich der Firma und ich habe Maren auch sehr viel zu verdanken. Man hat halt Zwänge, die kann man nicht einfach ablegen. Das konnte Swantje nicht verstehen – und vor einigen Monaten, da hat sie es hier nicht mehr aushalten. Im Westen Kanadas, da befindet sich die Pazifikprovinz British Columbia, das alljährliche Zuhause mehrerer Walarten. Swantje ist dort in der Wildnis unterwegs; sie hat weder Handyempfang noch Mailzugang. Das ist alles ganz normal. Ich verstehe nicht, warum mir Vivienne das einfach nicht glauben will.

Jetzt aber zu meinem Schwager Willi. Ich überlege die ganze Zeit, wann ich ihn zuletzt gesehen habe. Ich glaube, das war am Samstagnachmittag. Ja, genau. Am Samstagnachmittag war ich auf dem Friedhof beschäftigt und da habe ich den Willi kurz gesehen. Er hat das Grab seiner Eltern gemacht. Das war so zirka 17:30 Uhr.

Hinweise Michael

Weitere Informationen für dich! Du darfst von all diesem Wissen in der Ermittlungsrunde Gebrauch machen! Nutze die weiteren Hinweise für die Ermittlungen.

Vorab:
Vor vielen Jahren war Willi schuldhaft an dem Unfall beteiligt, bei dem Rolf schwer verletzt wurde. Rolf hat seitdem ein Rückenleiden. Elfie war damals schon mit Willi verheiratet, daher hat Rolf auf eine Klage gegen Willi verzichtet.

Nun zu unserem Fall:
Samstagnacht hat Elfie dich völlig aufgelöst angerufen und um Hilfe gebeten. Willi war nach einem Streit zu Hause die steile Steinkellertreppe hinuntergefallen. Du bist sofort hingefahren; Willi war tot. Am Hinterkopf und im Gesicht hatte er Verletzungen; Elfie erklärte dir, sie habe ihn in Notwehr mit einer Sektflasche ins Gesicht geschlagen; daraufhin sei er die Treppe hinuntergestürzt. Elfie hat dich angefleht, nicht die Polizei zu holen. Sie hatte Angst, dass ihr niemand eine Notwehr glauben würde; sie war ja völlig unverletzt. Du hast den Toten zusammen mit Elfie die Kellertreppe hinaufgetragen und ihn in den Kofferraum seines Autos gelegt. Dann habt ihr die Kellertreppe geschrubbt, um evtl. Blutspuren zu entfernen. Später habt ihr beschlossen, dass du den Wagen mit Willis Leiche wegfährst und irgendwo abstellst. Als du dies tun wolltest, war der Wagen mit der Leiche verschwunden; er wurde vor dem Haus gestohlen. Wie Willi in den Wald zum Hochstand kam, weißt du nicht.
Du hast Elfie geraten, ganz normal weiter zu machen; so, als sei nichts geschehen. Schließlich hatte sich Willi am Morgen für eine Woche bei ihr in den Urlaub abgemeldet.

Zu Swantje
Tatsache ist, dass du nicht genau weißt, wo deine Frau ist. Ihr habt

immer wieder gestritten, weil Swantje zurück nach Norwegen wollte. Irgendwann war sie dann plötzlich fort und hat sich bis heute nicht mehr bei dir gemeldet. Vivienne behauptet seither immer wieder, dass du sie im Grab von Ottilie Abfalter verscharrt hast; Frau Abfalter wurde einen Tag nach Swantjes Verschwinden von dir beerdigt, aber das ist Unsinn. Du bist sicher, dass Swantje irgendwo nach den von ihr so sehr geliebten Walen sucht und bald wieder auftaucht.
Deine Schwester Maren hat dir, als Swantje verschwand und Vivi diese Behauptungen aufstellte, sehr geholfen. Sie hat bei der Polizei ausgesagt, deine Frau habe in ihrem Beisein das Haus mit einem Koffer verlassen hat. Das war eine Falschaussage, aber sie tat ihren Zweck; die Polizei hat danach nicht mehr weiter nach dem Verbleib von Swantje geforscht.

Swantje hatte oft Streit mit ihrer Halbschwester Vivienne; Swantje hat Vivi 50.000 Euro geliehen, als diese den Friseursalon gekauft hat. Swantje hat Vivienne schon mehrfach um Rückzahlung gebeten, sie wollte mit diesem Geld ihren Neuanfang in Norwegen finanzieren. Soweit dir bekannt ist, hat Vivienne diese Schulden aber noch nicht beglichen. **Sprich dies einmal an.**

Du hast mit Nick Bersbach, Rolf und Willi einen wöchentlichen Stammtisch und ihr seid, gemeinsam mit Nora Esser und Chris Custor, auch eine Lottotippgemeinschaft. Willi hat einen Dauer-Lottoschein für euch geführt; leider weißt du die Zahlen nicht; darum hat sich immer der Willi gekümmert. Ihr habt ihm monatlich beim Stammtisch das Geld dafür gegeben.
Wo dieser Lottoschein von Willi aufbewahrt wurde, wisst ihr nicht. **Frag doch mal die Elfie** danach. **Vielleicht hat sie ja etwas gefunden? Seid ihr die Lottomillionäre?**

Ihr habt im Beerdigungsinstitut 5 Kühlkammern für die Toten; diese sind selten gleichzeitig belegt; Maren kümmert sich um diese Dinge; sie erledigt auch die administrativen Dinge im Büro. Gestern hat ein Bestatter aus Kall um Hilfe gebeten; seine Kühlkammern sind ausgefallen. Du warst zufällig am Telefon und hast ihm die 5 Fächer für 3 Tage zugesagt. Die Verstorbenen werden heute gebracht. Maren war deshalb ziemlich verärgert; sie musste die Fächer noch desinfizieren.

Maren war einmal für einige Zeit mit Nick Bersbach, dem Tierarzt, verlobt. Es ging leider nicht gut. Dies tut dir sehr leid; Maren lebt irgendwie nur für eure Familie. Sie muss auch mal an sich denken. **Sage ihr dies.**

Du vermisst **eine der Schubkarren** auf dem Friedhof; erzähle den anderen davon. Diese Schubkarren kann jeder genommen haben; sie stehen dort frei zugänglich und sind nicht besonders gesichert. **Verrate Elfie nicht; der Fall soll ja bis zum Ende der Ermittlungen spannend bleiben.** Versuche aber herauszufinden, wer den Wagen mit Willis Leiche gestohlen haben kann und wie die Leiche zum Hochstand kam.

Nach den Ermittlungen schreibt jeder auf, wen er für den Täter hält, und später lösen wir den Fall gemeinsam auf.

Vorstellungstext Rolf Räuber - Nr.4

Jaja, der Willi ... Nun ist er dahin und man soll über Tote ja auch nichts Schlechtes sagen. Aber ehrlich gesagt kam ich nur sehr mäßig mit ihm zurecht. Aber gut, er war ja nun mal Elfies Ehemann. Da toleriert man so einiges, der Elfie und der Familie zuliebe.

Wann hab ich ihn das letzte Mal gesehen? Hm ... das war, glaube ich, am Freitagabend; da sind wir in der „Goldenen Gans" übel aneinander gerasselt. Wenn ich es nicht so mit dem Rücken und er nicht zur Familie gehört hätte, ... den hätte ich zerlegt am Freitagabend; wie eine Eifel-Wildsau hätte ich den auseinandergenommen!

Der Rest ist so, wie der Michael das eben alles erzählt hat. Ich konnte das Bestattungsunternehmen und die Friedhofsgärtnerei vom Vater aus gesundheitlichen Gründen nicht übernehmen. In der Metzgerei habe ich Maschinen oder eben Personal, die das schwere Heben übernehmen. Ich selbst kümmere mich in der Hauptsache um das Kaufmännische. Sie glauben ja nicht, was man da heute alles an Theorie bewältigen muss. Es tat mir leid, dass der Michi aus Norwegen zurückkommen musste, aber es ging nicht anders. Die Familie muss zusammenhalten; das hat der Vater uns allen mitgegeben.

Der Michi ist der jüngste, dann kommt Elfie, dann ich und dann die Maren. Maren ist unsere Glucke; das meine ich positiv. Sie hat nach dem Tod unserer Mutter quasi die Mutterrolle übernommen und das kann sie bis heute nicht ablegen. Dabei hatte sie ganz andere Pläne im Leben. Mit 16 Jahren ist sie als Novizin in die Abtei Maria Heimsuchung, ein Ordenshaus der Benediktinerinnen in Steinfeld bei Kall, gegangen; sie wollte Nonne werden. Vater hat sie dann in einer Nacht- und Nebelaktion ruckzuck zurück nach Hause geholt, als unsere Mutter starb. Maren wurde zur Ersatzmutter für uns alle; wir sind ihr sehr viel schuldig und sie wacht heute noch sehr über den Familienfrieden. Maren ist auch die einzige von uns, die nie geheiratet hat; vermutlich kam sie einfach nie dazu wegen uns allen. Dabei ist sie eine so hübsche Frau, die Maren und Anwärter gab es einige. Sogar unser Tierarzt, der Dr. Bersbach, wollte die Maren mal heiraten. Ging aber nicht gut mit den beiden. Naja, auf jeden Fall wuppt Maren mit unserem Küken, also dem Michi, den Familienbetrieb. Jajaja, die kümmert sich um alles, die Maren, wirklich, da lass ich nichts drauf kommen auf meine große Schwester.

Hinweise Rolf

Weitere Informationen für dich! Du darfst von all diesem Wissen in der Ermittlungsrunde Gebrauch machen! Wenn du etwas gefragt wirst, solltest du die Wahrheit sagen, denn du bist nicht der Täter und hast nichts zu befürchten.

Vorab: Willi hat vor 20 Jahren den schweren Unfall verursacht, bei dem du zu Schaden kamst; seither hast du ein Rückenleiden. Da Willi aber damals schon mit Elfie verheiratet war, hast du seinerzeit auf eine Anzeige verzichtet. Gedankt hat Willi dir das nicht, denn: Das Haus, in dem Elfie und Willi lebten, gehört dir. Du hast von einem Investor ein hohes Kaufangebot für diese Immobilie; er will ein Hotel bauen. Elfie wäre sofort ausgezogen, aber Willi war stur. Also hast du ihm Geld angeboten. Zuerst 5.000,00 Euro, später bist du bis 15.000,00 Euro hoch gegangen; aber er wollte 30.000,00 Euro. Dies hast du abgelehnt.
Am Freitagabend war Willi bei Chris Custor in der „Goldenen Gans“. Du warst mit Vivienne auch dort zum Essen. Erneut eskalierte der Streit. Ihr habt euch fast geprügelt, bis Custor dazwischen ging. Dies war das letzte Mal, dass du Willi gesehen hast.

Am Samstagabend warst du noch lange im Büro; der Betrieb liegt gleich neben eurem Wohnhaus. Später hattest du dann noch Lust auf ein Bier in der „Goldenen Gans“. Du bist gegen 23:30 Uhr rüber in die Kneipe und mit ein paar Jungs vom Dorf total versackt. Ihr habt bis in den frühen Morgen getrunken. Wie du heimgekommen bist, weißt du nicht genau. Du hast einen Filmriss.

Vivi ist seit Sonntagfrüh ganz komisch zu dir. Ist sie sauer wegen Samstagnacht und dem Ausflug in die Kneipe? Dies wäre seltsam, denn sowas kommt auf dem Dorf hier schon mal vor; es war nicht das erste Mal. Bisher war Vivi immer sehr verständnisvoll. Oder hat sie etwas anderes? **Frag sie doch einmal,** warum sie seit Sonntagmorgen so seltsam zu dir ist.
Manchmal überlegst du auch, ob sie einen anderen Mann hat; sie ist ja einige Jahre jünger als du.

Am Dienstagabend war sie zum Beispiel angeblich bei Maren auf einem Tupperabend. **Ob das aber stimmt?**
Frage doch mal die Maren, sie würde dich sicher nicht anlügen.

Du hast mit Nick Bersbach, Michael und Willi einen wöchentlichen Stammtisch bei Chris Custor in der „Goldenen Gans". Gemeinsam mit Chris Custor und Nora Esser seid ihr auch eine Lottotippgemeinschaft; Willi hat immer den Schein abgegeben. Leider wisst ihr die Zahlen nicht; darum hat sich immer der Willi gekümmert. **Wo ist der Schein jetzt? Seid ihr die Lottomillionäre?**

Die Sache mit Swantje ist dir ein Rätsel. Du schließt aus, dass Michael ihr etwas angetan hat, aber die Sache kommt dir doch seltsam vor. Maren hat damals ausgesagt, dass sie am Abend dabei war, als Swantje den Michael verlassen hat. War das wirklich so? **Frage Maren / Michi noch einmal danach.**

Deine Vivi schuldet ihrer Schwester Swantje 50.000,00 Euro. Dieses Geld hat Swantje der Vivi geliehen, als sie den Friseursalon gekauft hat. Leider läuft der Laden noch nicht so richtig und Vivi konnte die Schulden bisher nicht zurückzahlen. Daher hatte sie häufiger Auseinandersetzungen mit Swantje. Von dir wollte Vivi das Geld nicht nehmen; sie war der Meinung, es ohne das Geld der Familie Räuber schaffen zu können. **Biete Vivi noch einmal an, ihre Schulden zu übernehmen.**
Und, falls du danach gefragt wirst: Du hast natürlich ein Kühlhaus im Betrieb. Dieses ist für alle 15 Mitarbeiter ständig zugänglich. **Eine Leiche kannst du hier niemals unbemerkt verstecken.**

Als Willi am Montagabend nicht zum Stammtisch kam, hast du Elfie kurz in der Küche der „Goldenen Gans" nach ihm gefragt. Sie hat gesagt, er sei mit seiner neuen Flamme verreist. **Wer kann das sein?**

Nach den Ermittlungen schreibt jeder auf, wen er für den Täter hält, und später lösen wir den Fall gemeinsam auf.

Vorstellungstext Nora Esser – Nr. 5

Ich bin in Wuppertal geboren und irgendwann auf der Durchreise nach einem Kurzurlaub hier im Dorf hängengeblieben. Die Eifel ist sehr liebenswert und die Menschen ein ganz besonderer Schlag. Ich mag es einfach, hier zu leben, denn man kümmert sich noch umeinander.

Und es stimmt wirklich: Wenn in der Eifel die Totenglocken läuten, weiß man nach 10 Minuten, wer tot ist, es spricht sich sofort herum. Auf diese Weise habe ich auch vom Tod des Herrn Schmitz erfahren. Das ging ja wie ein Laubfeuer `rum.
Wann ich Willi Schmitz zum letzten Mal gesehen habe, weiß ich nicht genau. Das war vermutlich Montag vor einer Woche, da war er noch beim Stammtisch dabei. Aber schwören könnte ich das nicht; hier ist ja ein ständiges Kommen und Gehen in der „Goldenen Gans". Da kann man auch schon einmal jemanden übersehen!

Hinweise Nora

Weitere Informationen für dich! Du darfst von all diesem Wissen in der Ermittlungsrunde Gebrauch machen! Wenn du etwas gefragt wirst, solltest du die Wahrheit sagen, denn du bist nicht der Täter und hast nichts zu befürchten.

Du hattest seit einiger Zeit ein Verhältnis mit Willi Schmitz. Am Montag wolltet ihr gemeinsam für eine Woche nach Mallorca fliegen. Das bevorstehende Wochenende wollte er schon bei dir bleiben; sein Gepäck stand bereits seit dem Mittag bei dir in der Wohnung.
Am Samstagabend hat Willi dich dann gegen 22:00 Uhr in der „Goldenen Gans" abgeholt. Er parkte ein paar Meter weiter, damit euch niemand zusammen sieht. Ihr habt auf der Heimfahrt Radio gehört und ward, mit Aussicht auf Mallorca, sehr ausgelassener und guter Stimmung. Plötzlich aber hielt Willi an und erklärte dir, er habe zu Hause etwas Wichtiges vergessen, du müsstest den Rest zu Fuß laufen.
Du warst so perplex, dass du tatsächlich ausgestiegen bist. Willi fuhr einfach weiter; er hat dich auf der dunklen Straße stehen lassen und du musstet die Reststrecke laufen. Zu Hause hast du eine Weile auf Willi gewartet. Als er nicht kam, bist du gegen 23:00 Uhr mit dem Rad zu Willis Haus geradelt. Sein Wagen stand in der Einfahrt, er war unverschlossen und der Schlüssel steckte im Zündschloss. Du warst inzwischen ziemlich sauer auf Willi. Um ihm eins auszuwischen, hast du dein Rad versteckt und bist mit seinem Wagen losgefahren. Kurz darauf hast du das Auto bei Rolf Räuber auf dem Hof der Metzgerei abgestellt; den Zündschlüssel hast du ebenfalls steckenlassen. Dann bist du zurück zu deinem Rad gelaufen und nach Hause gefahren. **Du musst nun selbst entscheiden, wann du den anderen davon erzählst. Du hast dich kaum strafbar gemacht; im Prinzip spricht also nichts dagegen, diesen Part im Laufe der Ermittlungen auch anzugeben.**

Willi tauchte nicht mehr bei dir auf. Du hast Sonntag und Montag mehrfach versucht, ihn anzurufen; es sprang aber immer nur die

Mailbox an. Dann sprach sich im Ort der Lottogewinn herum.
Du warst dir sicher, dass Willis Verschwinden mit dem Lottogewinn zu tun hatte und du hast vermutet, dass Willi den Ort verlassen hat, um mit den Millionen aus dem Lottogewinn ein neues Leben zu beginnen. Das hat dich sehr geärgert, denn: Du gehörst gemeinsam mit Chris Custor, Rolf und MIchael und Willi auch zu einer Lotto-Tippgemeinschaft. Den Schein für eure kleine Gemeinschaft hat auch immer der Willi abgegeben. Hat euer Schein die Millionen gewonnen? Wer hat diesen Schein?
Stelle diese Frage in den Raum.
Nach dem Auffinden der Leiche am Mittwoch wolltest du Willis Koffer loswerden und ihn vor seinem Haus abstellen. Du wusstest, dass Elfie bei Maren übernachtet. Also hast du in der Nacht den Koffer auf den Gepäckständer vom Fahrrad gepackt und bist erneut zum Haus der Eheleute Schmitz geradelt. Als du dort ankamst, hast du eine vermummte Gestalt am Haus gesehen. Erkannt hast du die Person nicht, aber du glaubst, dass es Chris Custor war. Die Körperhaltung kam dir so bekannt vor. Du bist dann mit dem Koffer weiter geradelt und hast ihn auf dem Kinderspielplatz in der Ortsmitte abgestellt.
Frage Chris, ob er Mittwochnacht am Haus von Willi und Elfie war und ob er vielleicht den Einbrecher gesehen hat.

Du bist ganz gut mit Swantje Räuber befreundet. Sie kam hier in der Eifel nicht zurecht und wollte zurück in ihre Heimat, nach Norwegen. Ihr fehlte aber wohl das Geld, um einen Neuanfang zu starten.
Am Abend vor ihrem Verschwinden hast du noch mit ihr telefoniert. Sie sagte dir, sie habe jetzt das Geld und würde den Ort verlassen. Am nächsten Tag war sie fort. **Woher sie plötzlich das Geld für einen Neustart hatte, hat sie dir nicht verraten. Erzähle den anderen davon. Es ist schon seltsam, dass sich Swantje auch nicht mehr bei dir gemeldet hat.**

Nach den Ermittlungen schreibt jeder auf, wen er für den Täter hält, und später lösen wir den Fall gemeinsam auf.

Vorstellungstext Vivienne Räuber – Nr. 6

Zu dem Tod von Willi kann ich wenig sagen. Ich habe ihn auch zuletzt am Freitagabend in der „Goldenen Gans“ gesehen; Rolf und ich haben dort gegessen. Es war ein sehr unerfreuliches Zusammentreffen, aber das hat sicher nichts mit seinem Tod zu tun.

Ich möchte viel lieber über meine Schwester Swantje reden.
Sie ist wie vom Erdboden verschluckt und dass sie irgendwelche Wale besucht, glaubt außer der kompletten Familie meines Mannes wohl hoffentlich niemand hier, oder? Swantje wäre nicht weg, ohne mich, ihre Schwester, zu benachrichtigen. Zumindest hätte sie sich längst mal bei mir gemeldet.

Ich glaube, dass Michael Swantje etwas angetan und sie dann im Grab von Ottilie Abfalter entsorgt hat. Diese alte Dame wurde einen Tag nach Swantjes Verschwinden von Michaels Unternehmen beerdigt, muss ich mehr sagen?

Die ganze Familie hält zu Michael und ich bin ja seit Jahren auch Teil der Familie, aber es fällt mir schwer, das so zu akzeptieren. Ich hoffe, dass Sie, Frau Hase, den Fall jetzt nochmal aufgreifen ... Der Dieter Schäfer macht ja die Augen zu, wenn es um Ermittlungen im Freundeskreis geht.

Hinweise Vivienne

Weitere Informationen für dich! Du darfst von all diesem Wissen in der Ermittlungsrunde Gebrauch machen! Wenn du etwas gefragt wirst, solltest du die Wahrheit sagen, denn du bist nicht der Täter und hast nichts zu befürchten.

Swantje hat dir für den Kauf des Friseursalons 50.000,00 Euro geliehen und dich mehrfach um Rückzahlung gebeten. Dein Salon wirft aber noch nicht so viel ab und deinen Mann Rolf willst du nicht um Hilfe bitten. Du hattest bezüglich des Geldes daher mehrfach Streit mit Swantje. **Einen Tag** vor ihrem Verschwinden sagte sie dir dann plötzlich, deine Schulden seien beglichen; sie habe das Geld bekommen. **Wer ihr das Geld gegeben hat, hat sie nicht verraten. Hat Rolf deine Schulden bezahlt? Frage ihn danach.**

Rolf gehört das Haus, in welchem Elfie und Willi wohnen. Ein Investor will auf diesem Grundstück ein Hotel bauen und hat Rolf eine sehr hohe Summe Geld für das Haus angeboten. Rolf bat Elfie und Willi auszuziehen; Elfie war auch einverstanden. Willi wollte aber Geld aus der Sache schlagen; für einen Auszug verlangte er eine hohe Summe. Rolf und Willi sind deshalb immer wieder herb aneinandergeraten. Am Freitagabend dann haben sich die beiden in der „Goldenen Gans“ fast geprügelt; so sehr ist der Streit wegen des Hauses eskaliert.

Am Samstagabend war Rolf noch lange im Betrieb. Irgendwann, so gegen 23:50 Uhr, wolltest du nach ihm sehen; die Firma ist gleich an eurem Wohnhaus. Im Hof stand Willis Auto. Du dachtest, die beiden sprechen sich aus und wolltest nicht stören. Als Rolf eine Stunde später immer noch nicht in der Wohnung war, bist du nochmal zum Betrieb rüber. Willis Auto stand immer noch im Hof, aber Rolf war nicht da. In Willis Wagen steckte der Zündschlüssel. Dies kam dir alles sehr seltsam vor und du hast in den Wagen geschaut. Da lag Willis Jacke, sonst nichts. Du hast dann auch in den Kofferraum gesehen und da lag der tote Willi. Dir wurde ganz schlecht vor Angst; so was hättest du Rolf nie zugetraut. In deiner

Not hast du Maren angerufen; sie kam sofort zu dir. Maren arbeitet bei Michael im Bestattungsunternehmen. Dort gibt es Kühlfächer für die Toten und sie weiß natürlich, welche Fächer leer sind. Ihr habt Willi ins Institut gebracht und dort in einem leeren Fach abgelegt. Willis Auto habt ihr bei Maren in der Garage untergestellt; diese steht zurzeit leer.

Rolf kam dann am Sonntagmorgen total betrunken nach Hause. Du glaubst, dass er sich vor Kummer über seine Tat betrunken hat. Er hat, wie er sagt, einen totalen Filmriss; vermutlich kann er sich an wirklich nichts erinnern.

Am Dienstag rief Maren an und sagte dir, Willi müsse weg und sie brauche dich am Abend dazu. Du hast Rolf erzählt, es finde ein Tupperabend bei Maren statt; er hätte sich sonst gewundert, dass du nicht zu Hause bist. Du bist in deinem Wagen gefahren und Maren fuhr Willis Auto mit der Leiche. Sie hatte im Vorfeld auch schon eine Schubkarre aus der Gärtnerei organisiert, damit konntet ihr die Leiche durch den Wald fahren. Ihr habt sehr gehofft, dass Willis Tod als Unfall durchgeht. Leider ist Sophia Hase aber eine andere Liga als Dieter Schäfer; sie kam rasch dahinter, dass hier was nicht stimmt.

Nun noch kurz zu deinem Streit mit Uschi Schäfer, der Frau von Dietmar:
Uschi Schäfer hat sich in „Sachen Swantje“ ganz auf Michaels Seite geschlagen. Sie hat dir in deinem Salon erklärt, du solltest endlich Ruhe geben. Daraufhin hast du Uschi gebeten, künftig einen anderen Friseur aufzusuchen.

Nach den Ermittlungen schreibt jeder auf, wen er für den Täter hält, und später lösen wir den Fall gemeinsam auf.

Vorstellungstext Nick Bersbach – Nr. 7

Ich bin seit vielen Jahren der Veterinär hier im Kreis. Morgens gehe ich immer mit meinem Hund durch den Forst; am Mittwoch habe ich bei dieser Runde dann den toten Willi gefunden. Wann habe ich ihn das letzte Mal lebend gesehen? Ehrlich gesagt weiß ich es nicht genau. Er war nicht beim Stammtisch am Montag; irgendjemand sagte, er sei verreist. Was mich aber wirklich interessieren würde ist, ob unsere Lottotippgemeinschaft eventuell den Hauptgewinn gemacht hat, über den ganz Ebersbach seit dem Wochenende spricht. Elfie, hast du eine Ahnung, wo Willi unseren Tippschein aufbewahrte?

Hinweise Nick

Weitere Informationen für dich! Du darfst von all diesem Wissen in der Ermittlungsrunde Gebrauch machen! Wenn du etwas gefragt wirst, solltest du die Wahrheit sagen, denn du bist nicht der Täter und hast nichts zu befürchten.

Vorab: Du bist seit ein paar Wochen mit Sophia Hase liiert. Sie ist wie ein frischer Wind für dich und die Eifel.

Zuvor warst du auch mal mit Maren verlobt; aber Maren ist nicht wirklich frei. Für sie kommt immer zuerst die Familie, sprich ihre Geschwister. Dir war das einfach zu viel.

Zu eurer Lotto-Tippgemeinschaft gehören: Willi, Michi, Rolf, Chris Custor, Nora Esser und
du. Wo kann euer Lottoschein sein? Ihr müsst prüfen, ob ihr die Lotto-Gewinner seid.

Du hattest Samstagnacht noch einen Noteinsatz bei einem Bauern bei Kall; eine Kuh kalbte und es gab Probleme. Auf dem Rückweg ist dir Nora Esser begegnet. Sie kam zu Fuß aus Richtung der Firma von Rolf Räuber; dies war gegen 23:20 Uhr. Was hat sie da, mitten in der Nacht, zu tun? **Frag sie danach.**

Am frühen Sonntagmorgen hattest du dann einen erneuten Einsatz. Auf dem Weg hast du Rolf Räuber „gefunden". Er kam total betrunken aus der „Goldenen Gans" und torkelte über die Straße. Du hast ihn in dein Auto gesetzt und nach Hause gefahren. Dann hast du ihm noch die Haustüre aufgeschlossen und ihn ins Haus geschoben; mehr konntest du nicht für ihn tun. **Erzähle Rolf davon; er weiß vermutlich gar nicht, wie er nach Hause gekommen ist.**

Swantje:
Es ist wirklich seltsam, dass Swantje so einfach fort ist. Allerdings

kannst du sie auch gut verstehen. Sie ist Meeresbiologin; was soll sie hier in der Eifel? Michi ist ebenfalls Meeresbiologe; er sollte längst wieder mit Swantje in Norwegen sein. Stattdessen versucht er hier, das Erbe des Vaters aufrecht zu erhalten. Er lebt nicht sein eigenes Leben; **versuche, ihm das klar zu machen**. Dass der Michi seiner Frau etwas angetan hat, glaubst du nicht.

Maren hat eine Garage zu vermieten; Sophia sucht dringend einen Unterstellplatz für ihr Cabrio. Frage Maren, ob die Garage noch frei ist und Sophia sie mieten kann.

Und auch das ist vielleicht wichtig: Einen Tag vor ihrem Verschwinden hast du Swantje mit Maren auf der Sparkasse im Ort gesehen. Die beiden saßen dort bei einem der Berater. **Was haben die zwei dort zusammen gemacht?** Frage Maren danach.

Nach den Ermittlungen schreibt jeder auf, wen er für den Täter hält, und später lösen wir den Fall gemeinsam auf.

Vorstellungstext Chris Custor – Nr. 8

Ich bin in Mölbis in der DDR geboren und hab gleich nach der Wende rüber gemacht.

Was, Sie kennen Mölbis gar nicht? Da haben Sie nichts verpasst.

Das war die schmutzigste Stadt in der DDR. Der Dunst schimmerte blau, immer roch es nach faulen Eiern, und Phenol und Schwefel haben dieselbe verpestet. Eine Schicht aus Asche und Ruß hat die Dächer bedeckt und wenn man eine Schüssel mit Wasser auf ein Fensterbrett gestellt hat, hat sich das Wasser schwarz verfärbt. Das ist nicht gelogen.

Und dann dagegen die Eifel, die war immer mein Traum. Diese Gegend hier, mit den vielen Seen, den immer noch aktiven Vulkanen, den geschwungenen Hügeln, den liebenswerten Menschen und den hübschen Dörfern und Häusern, die hat es mir einfach angetan. Und dann diese Luft!!!

Beim Weißen Stein bei Udenbreth, gleich hier um die Ecke, gibt es die sauberste Luft in der BRD, das ist amtlich. Das wussten Sie gar nicht? Ja sowas ...

Also hier in Ebersbach steppt ja der Bär, seit dieser Lottogewinn im Ort gelandet ist. Ich habe die Zahlen am Samstagabend wie immer auf die Schiefertafel an der Theke geschrieben; da hat sie noch überhaupt niemand beachtet. Erst als am Montag dann im Radio mitgeteilt wurde, dass der Gewinnschein hier im Ort gekauft wurde, da war plötzlich was los.

Ich bin ja mal gespannt, wer der oder die Glückliche ist und ob wir überhaupt davon erfahren.

Den Willi Schmitz habe ich am Freitagabend zuletzt gesehen; da hab ich ihn vor die Türe gesetzt. Manchmal muss man als Wirt durchgreifen.

Ich hätte ihn natürlich am Samstag wieder reingelassen, aber er kam nicht mehr. Wahrscheinlich war er beleidigt.

Hinweise Chris

Weitere Informationen für dich! Du darfst von all diesem Wissen in der Ermittlungsrunde Gebrauch machen! Wenn du etwas gefragt wirst, solltest du die Wahrheit sagen, denn du bist nicht der Täter und hast nichts zu befürchten.

Willi saß oft bei dir an der Theke, zuletzt am Freitag. Es gab an diesem Abend einen kleinen Eklat. Rolf Räuber war mit Vivienne zum Essen im Restaurant; irgendwann gab es ein Wortgefecht zwischen Willi und Rolf und sie haben sich fast geprügelt. Du bist schließlich dazwischen gegangen und hast für Ruhe gesorgt. **Frage Rolf: Worum ging es bei diesem Streit?**

Du hast seit einiger Zeit eine Beziehung mit Elfie. Sie passt wunderbar zu dir und seit sie in der Küche kocht, ist dein Restaurant immer voll; sie kocht einfach großartig. Ihr habt aber beschlossen, euer Verhältnis noch nicht öffentlich zu machen. Du hattest Bedenken, dass dann einige Gäste ausbleiben würden. Die Eifel ist recht katholisch durchsetzt und nicht jeder hat Verständnis für eine solche Affäre. Und Elfie benötigt auch etwas Zeit; sie wollte eine Trennung zunächst mit ihrer Familie besprechen. Die Räubers sind ja ein richtiger CLAN und vor allem Maren hat großen Einfluss auf die Familie und hält nicht viel von Scheidungen.

Nun aber zu unserem Fall: Nora hatte ab Montag Urlaub beantragt; sie wollte nach Mallorca fliegen. Warum ist sie noch hier? **Frage sie danach.**

Willi hat dir einmal seine Lotto-Zahlen, die er persönlich wöchentlich tippt, verraten. Sie waren so kurios, dass du sie dir gemerkt hast. Du hast daher schon am Samstag geahnt, dass Willis Schein Millionen wert sein kann. Du hättest dies auch gerne mit Elfie besprochen, aber als du die Zahlen aus den Nachrichten entnommen hast, war es schon spät und Elfie war bereits nach Hause gegangen. Dann kamen noch spät ein paar Dorfbewohnern vorbei und blieben bis zum Morgen an der Theke hängen; der Rolf Räuber war auch dabei und alle haben ganz schön gezecht.

Es gibt eine Lotto-Tippgemeinschaft. Zu dieser Gemeinschaft gehörten: Willi, Nick Bersbach, Michael und Rolf Räuber, Nora Esser und du. Willi hat stets den Schein abgegeben und das Geld von euch bar kassiert. Wo ist euer Schein? Frage Elfie einmal danach. Der Schein ist aber sicher nicht der Schein mit dem Hauptgewinn. **Dies kannst du den anderen auch sagen**, denn wie vor erwähnt: Die gezogenen Zahlen hat Willi privat gespielt. Dies weißt du genau.

Nach dem Fund der Leiche am Mittwoch bist du ins Haus von Willi und Elfie eingestiegen; Du wolltest den Gewinner-Schein suchen. Da du Elfie sehr magst, hast du beim Durchwühlen des Hauses aufgepasst, nichts kaputt zu machen. Den Lottoschein hast du nicht gefunden. **Sprich Elfie jetzt auf den Lottoschein an und berichte ihr von Willis vermutlichem Lottoglück, sie hat gegebenenfalls gar keine Ahnung davon.**

Am Dienstag warst du früh im Wald auf der Jagd. Du bist auch an dem Hochstand vorbeigekommen, an welchem Willi Mittwoch gefunden wurde. Fakt ist: Am Dienstag lag die Leiche noch nicht dort und auch der Wagen von Willi stand nicht auf dem Parkplatz. **Teile dies den anderen mit.**

Du hast aber an diesem Morgen die Maren im Wald gesehen; sie ging mit einem Pilzkorb querfeldein ein.

Erzähle den anderen davon.

Zu deinem Kühlhaus: Ja, hier könnte man eine Leiche zwischenlagern. Allerdings haben alle Mitarbeiter, also auch Nora und Elfie, jederzeit Zugang. Wie soll man also eine Leiche verbergen? Dies ist absurd.

Zum Verschwinden von Swantje Räuber kannst du nichts sagen. Sie passte nicht hierher; dies war schnell klar. Allerdings hatte sie sich sehr mit Nora Esser angefreundet. **Frage Nora, ob sie etwas zu dem Verschwinden von Swantje sagen kann.**

Nach den Ermittlungen schreibt jeder auf, wen er für den Täter hält, und später lösen wir den Fall gemeinsam auf.

Vorstellungstext Maren Räuber – Nr. 9

Ich glaube, ich muss jetzt hier wirklich mal was klarstellen. Als ich damals, nach dem plötzlichen Tod unserer Mutter, von Vater aus dem Kloster geholt wurde, war ich ehrlicherweise ganz froh. Ich bin aus einer Trotzreaktion zu den Benediktinerinnen gegangen und wirklich dankbar, dass ich doch noch einen weltlichen Weg eingeschlagen habe. Meine Mutter ist bei Michis Geburt gestorben und da musste ich einspringen; dies war doch selbstverständlich.

Ich bin zwar die älteste der Geschwister, aber weit davon entfernt, diese zu beglucken. Sie empfinden dies vielleicht manchmal so, aber glauben Sie mir, ich habe ein sehr schönes, eigenes Leben. Ich habe zwar keine Ausbildung machen können, aber in unserem Bestattungsunternehmen, das der Michi vom Vater übernommen hat, erledige ich sämtliche Büroarbeiten, kümmere mich um die Angehörigen und organisiere alles rund um die Bestattungen von A - Z. Michi kümmert sich um die Arbeit auf dem Friedhof; dies ist eine gute Arbeitsteilung.

Ich bin dem Michi sehr dankbar, dass er aus Norwegen zurückgekommen ist. Der Junge weiß halt, wo sein Platz ist.

Das Studium der Meeresbiologie war ein schöner Traum, aber das Leben in der Eifel ist real, hier gehören wir Räubers hin.

Swantje hat nicht so recht zu uns gepasst; aber das hat sie dann ja auch eingesehen und ist fort. Weißt du, Michi, es gibt so viele hübsche Mädels hier in der Eifel; da findet sich auch noch die Richtige für dich.

Und der Willi, der hat eigentlich auch nicht zu uns gepasst. Aber gut, es war ja nicht zu ändern. Elfie musste ihn damals heiraten, das erste Kind war unterwegs.

Nun ist der Willi auch Geschichte und Elfie kann sicher noch einmal einen guten, katholischen Mann finden.

Der Rolf hat ja mit der Vivienne auch die richtige Frau gefunden. Und die Haare macht sie einem so wunderbar; ja, die Vivi ist eine wirkliche Bereicherung für Ebersbach und die Familie.

Dauert das hier noch lange? Wir bekommen heute noch 5 Neuzugänge; einem Bestatter aus Kall sind die Kühlfächer ausgefallen; er bat uns um Hilfe; ich muss also dringend ins Geschäft.

Hinweise Maren

Weitere Informationen für dich! Du darfst von all diesem Wissen in der Ermittlungsrunde Gebrauch machen! Wenn du etwas gefragt wirst, solltest du die Wahrheit sagen, denn du bist nicht der Täter und hast nichts zu befürchten.

Vorab musst du wissen: Willi hat vor vielen Jahren den Unfall verursacht, bei dem Rolf so schwer verletzt wurde. Da er damals schon mit Elfie verheiratet war, hat Rolf auf eine Anzeige verzichtet. Rolf gehört das Haus, in dem Elfie und Willi leben; es ist inzwischen viel zu groß für die beiden. Er kann das Haus jetzt gut an einen Investor verkaufen. Elfie war sofort einverstanden, Willi aber wollte viel Geld für einen Auszug. Es gab daher immer wieder Streit zwischen Rolf und Willi.

Du warst einmal mit Nick, dem Tierarzt, verlobt. Es ging nicht gut; Nick konnte nicht verstehen, dass deine Geschwister immer die erste Rolle für dich spielen.

Nun zu unserem Fall: Samstagnacht hat Vivi dich angerufen; sie war völlig verzweifelt. Sie hat Willis Auto auf dem Hof von der Metzgerei gefunden; im Kofferraum lag seine Leiche und Rolf war nicht da. Vivi nahm an, dass Rolf Willi im Streit getötet hat und kopflos auf und davon ist. Ihr habt den Wagen mit der Leiche zunächst zum Bestattungsinstitut gefahren und den Toten in einem der Kühlfächer deponiert.

Willis Wagen hast du in deiner leeren Garage geparkt. (Diese Garage möchtest du künftig vermieten.)

Am frühen Morgen rief dich Vivi erneut an; Rolf war total betrunken zu Hause aufgetaucht und konnte sich an nichts aus der Nacht erinnern.

Du hattest dir vorgenommen, Willi bei passender Gelegenheit mit in einen Sarg zu packen und die Leiche auf diese Weise loszuwerden.

Am Dienstag kam dann ein Anruf von einem Bestatter aus Kall; er bat um Hilfe und benötigte eure Leichen-Kühlfächer; seine waren ausgefallen. Michael war am Telefon und hat zugesagt. Du musstest die Leiche von Willi nun rasch loswerden.

Du bist in den Wald gegangen, um eine geeignete Stelle zu finden; zur Tarnung hast du Pilze gesammelt; dabei hast du den Hochstand entdeckt und dir kam die Idee, einen Unfall zu inszenieren. Dann hast du im Vorfeld eine Schubkarre aus der Gärtnerei in der Nähe deponiert, um die Leiche später vom Parkplatz zum Hochstand zu fahren.

In der Nacht von Dienstag auf Mittwoch hast du mit Vivi die Leiche zum Forst gefahren. Ihr habt Willi mit der Schubkarre zum Hochstand gekarrt und alles so arrangiert wie von Sophia Hase vorgefunden. Willis Auto habt ihr auf dem Parkplatz stehenlassen und seid mit Vivis Wagen zurückgefahren. Die Autoschlüssel von Willi hast du in den Wald geworfen und die Schubkarre im Unterholz versteckt; sie passte nicht in Vivis Kleinwagen und später hast du dich nicht mehr getraut, sie zu holen.

Zu Swantje: Sie war hier in der Eifel sehr unglücklich. Michi war deshalb ebenfalls unglücklich, daher wolltest du etwas tun, um beiden zu helfen. Vivi schuldete Swantje 50.000,00 Euro. Dieses Geld hast du Swantje gegeben. Bedingung war, dass sie den Ort verlässt und sich über einen längeren Zeitraum nicht meldet. Du hast gehofft, dass Michi sie dann irgendwann vergisst. Swantje hatte aber auch eine Bedingung: Michael sollte nichts von diesem Deal erfahren. Dies hast du ihr versprochen und am nächsten Tag reiste Swantje ab.

Als Dietmar Schäfer wegen Swantjes Verschwindens ermittelte, hast du ihm gesagt, Swantje sei in deinem Beisein abgereist. Dies war eine Notlüge, aber sie tat ihren Zweck; die Ermittlungen wurden eingestellt. Wo Swantje jetzt ist, weißt du nicht.

War Rolf wirklich der Täter? Ich würde mich nicht darauf verlassen. **Was ist in der Nacht wirklich passiert?**

Nach den Ermittlungen schreibt jeder auf, wen er für den Täter hält, und später lösen wir den Fall gemeinsam auf.

Vorstellungstext Neutraler Beobachter – Nr. 10

(bitte als letzter in der Runde vortragen)

Ich nehme als neutraler und unabhängiger Beobachter an dieser Ermittlungsrunde teil.
Dies ist insofern von Vorteil, als dass ich sehr genau hinhören und aufpassen kann, denn ich bin nicht so befangen wie alle anderen am Tisch.

Der Mörder kann sich also darauf gefasst machen, dass ich die Person bin, vor der er sich am meisten in Acht nehmen muss.

Ich werde sehr genau darauf achten, was die einzelnen Personen aussagen und bin sicher, dass ich dem Täter auf die Spur kommen werde.

Hinweise Neutraler Beobachter

Weitere Informationen für dich! Du darfst von all diesem Wissen in der Ermittlungsrunde Gebrauch machen! Wenn du etwas gefragt wirst, solltest du die Wahrheit sagen, denn du bist nicht der Täter und hast nichts zu befürchten.

Auf den ersten Blick kommt es dir vielleicht etwas langweilig vor, keine eigene Rolle zu haben. Das ist aber auf keinen Fall so, denn du hast als einziger am Tisch den Kopf frei und musst dich nicht mit eigenen Motiven und dergleichen beschäftigen.
Einige der Personen, die hier am Tisch sitzen, haben ein kleines oder größeres Geheimnis - und diese Geheimnisse gilt es, herauszufinden. Oft gehen gute Ermittlungsansätze im Gespräch unter, weil neue Vorwürfe laut werden und das vorher Gesprochene in Vergessenheit gerät. Höre genau hin und versuche, jeder einzelnen Aussage auf den Grund zu gehen.
Mach dir Notizen, wenn du etwas wichtig erachtest. Sei darauf gefasst, dass du schon alleine wegen deiner Anwesenheit verdächtigt werden kannst. Verteidige dich vehement, denn du hast ja nichts getan. Verbünde dich mit einem der Beschuldigten und verteidige ihn vehement, aber nur mit jemand, den du selbst als Täter ausschließt!

Bedenke: Die meisten Morde sind eine Beziehungstat und geschehen aus Eifersucht oder verschmähter Liebe. Aber auch die Gier darf nicht als Motiv unterschätzt werden. Der springende Punkt heute ist: Wer hatte ein Motiv, diese Tat zu begehen und wer die Gelegenheit?

Nach den Ermittlungen schreibt jeder auf, wen er für den Täter hält, und später lösen wir den Fall gemeinsam auf.

Auflösung „Familien*bande*“

Glauben Sie, dass der Lottogewinn, der ja nach Ebersbach geht, ein Motiv für die Tat liefert? Willi hat ja stets 2 Lottoscheine abgegeben; seinen privaten Schein und den der Lotto-Tippgemeinschaft. Wir haben erfahren, dass Willi bereits am Samstag starb; der Lottogewinn in Ebersbach hat sich aber erst am Montag im Dorf herumgesprochen. Insofern scheiden die Teilnehmer der Lottotippgemeinschaft aus; sie konnten Samstag noch nicht ahnen, dass ihr gemeinsamer Schein eventuell etwas wert ist. Unser Motiv ist daher nicht im Lottoschein der Tippgemeinschaft zu suchen.

Was aber ist passiert in der Nacht zu Sonntag?

Der seit Jahren immer wieder untreue Willi hatte seit einiger Zeit ein Verhältnis mit Nora Esser; er wollte am Montag für eine Woche mit ihr nach Mallorca fliegen. Da er auch schon das Wochenende mit Nora in ihrer Wohnung verbringen wollte, hat er bereits am Samstag mit gepacktem Koffer das Haus verlassen und seiner Frau Elfie erklärt, er sei nun für eine Woche fort. Elfie war das ziemlich egal; sie ist längst mit Chris Custor glücklich.

Elfie kam am Samstagabend nach der Arbeit aus der Goldenen Gans heim und hat es sich vor dem Fernseher auf dem Sofa gemütlich gemacht. Dort erfuhr sie die Lottozahlen. Sie hat sofort erkannt, dass es Willis Zahlen sind. Er tippt diese Zahlen schon Jahr und Tag auf seinem privaten Schein. Elfie hat dann auch den Schein in einer Dose gefunden, in wer ihr Mann diesen stets aufbewahrte. Hocherfreut ist sie in den Keller hinuntergestiegen und hat eine Flasche Sekt geholt; sie wollte feiern. Als sie aus dem Keller kam, stand plötzlich der Willi, den sie ja im Urlaub wähnte, vor ihr. Er forderte den Schein. Die beiden stritten heftig. Es folgte eine Rangelei. Schließlich hat Elfie ihrem Mann mit der Sektflasche ins Gesicht geschlagen; er fiel rücklings die Steintreppe in den

Keller hinunter, blieb auf dem Rücken liegen und starb.
Nun hätte man den Treppensturz durchaus als Unfall darstellen können. Willi hatte aber durch den Schlag mit der Sektflasche eine blutende, große Verletzung im Gesicht. Wie hätte Elfie diese erklären sollen?
Eine Notwehrhandlung konnte ebenfalls schwer dargestellt werden. Sie selbst war ja völlig unverletzt. Nein, Elfie beschloss, keinesfalls die Polizei zu rufen. Sie versuchte zunächst, Willi die Treppe hinaufzuziehen; dies erwies sich aber alleine als unmöglich. Wen konnte sie um Hilfe bitten? Sie brauchte einen starken und vertrauenswürdigen Mann.
Ihr Freund Chris Custor hatte noch Gäste in der Goldenen Gans und Rolf hat ein Rückenleiden; er kann nicht schwer heben. Also blieb Michi, der jüngere Bruder. Sie rief ihn an und Michi ließ sich überreden ihr zu helfen. Die beiden haben Willis Leiche zusammen in den Kofferraum von Willis Wagen verbracht. Geplant war, dass Michi den Wagen später einfach irgendwo in der Eifel abstellen sollte.
Zunächst aber säuberten die Geschwister gründlich die Kellertreppe; es sollte keinesfalls eine Blutspur im Haus geben.
Als Michael den Wagen mit Willis Leiche im Kofferraum dann wegbringen wollte, war er spurlos verschwunden. Der Wagen war offensichtlich gestohlen worden.

Was war hier passiert?

Nora Esser wurde an diesem Abend nach Dienstschluss in der Goldenen Gans von Willi abgeholt; die beiden fuhren gerade gut gelaunt in Richtung Noras Wohnung, als im Radio die Lottozahlen verlesen wurden. Willi erkannte seine Zahlen, wie Elfie etwa zur gleichen Zeit zu Hause, natürlich auch sofort. Er erklärte Nora, er habe zu Hause etwas Wichtiges vergessen und setzte seine Freundin kurz vor deren Wohnung in der Dunkelheit am Straßenrand ab.

Nora war darüber richtig sauer. Sie ging die Reststecke zu Fuß nach Hause und wartete eine Weile. Nachdem Willi nicht kam, nahm sie ihr Fahrrad und radelte zum Haus von Willi und Elfie. Dort stand Willis Wagen in der Einfahrt; der Schlüssel steckte im Zündschloss. Nora wollte Willi einen Streich spielen, versteckte ihr Fahrrad im Gebüsch und fuhr mit Willis Wagen ein paar Ecken weiter. Dort parkte sie den Wagen bei Rolf Räuber auf dem Betriebshof. Dann lief sie zurück und radelte nach Hause.

Jetzt stand der Wagen mit Willis Leiche also bei Räubers im Hof und hier kam Vivi ins Spiel. Sie hat Willis Wagen im Hof entdeckt und dachte, dieser spricht sich mit Rolf, der noch im Betrieb war, aus. Willi und Rolf hatten ja seit einiger Zeit Streit wegen des Verkaufs des Hauses der Eheleute Schmitz. Vivi wollte die Männer nicht stören, hat nach einiger Zeit aber erneut nachgesehen, wo Rolf denn bleibt. Willis Wagen stand immer noch im Hof, von Rolf war weit und breit keine Spur. Sie sah im Wagen nach, fand Willis Leiche und nahm an, Rolf habe Willi im Streit getötet. In ihrer Not rief sie die familiäre Notfallwaffe Maren an. Diese kam sofort; sie fuhr mit Willis Wagen und der Leiche im Kofferraum zum Beerdigungsinstitut. Die beiden Frauen haben den Toten in einem der Kühlfächer zwischengelagert und den Wagen von Willi in der freien Garage von Maren geparkt. Dort im Kühlfach der Firma Räuber hätte die Leiche noch eine Weile bleiben können; Willi wurde ja noch nicht vermisst; offiziell war er ja im Urlaub. Allerdings hat dann am Dienstag der Bestatter aus Kall angerufen und um Nothilfe gebeten; seine Kühlfächer waren alle ausgefallen und Michi, zufällig am Telefon, hat großzügig alle 5 Kühlfächer zugesagt. Die Leiche musste also weg und die beiden Damen Vivi und Maren haben sie zum Hochstand gebracht und einen Unfall vorgetäuscht.

Und was hat es nun mit dem Einbruch auf sich?
Wir haben ja von Sophia erfahren, dass sie den Eindruck hatte, als habe sich der Einbrecher bemüht, nichts zu zerstören. Es muss also eine Person gewesen sein, die Elfie nahesteht. Nora Esser hat in der Nacht des Einbruchs eine Gestalt am Haus der Familie Schmitz gesehen und sie meinte, es könne sich, laut Statur, um Chris Custor

gehandelt haben. Richtig, Chris ist eingestiegen ins Haus der Familie. Er wollte nach dem Lottoschein suchen, hat ihn aber nicht gefunden.

Nachwort:
Wie es mit allen weiterging und was es mit Swantje und ihrem Verschwinden auf sich hat, hören Sie jetzt:

„Es ist also Ihr Lottoschein?“, fragte die Mitarbeiterin der Lotteriegesellschaft und sah in die Runde.

Elfie nickte.
„Ja, es handelt sich um den Schein der Lotto-Tippgemeinschaft. Mein Mann hat diesen einen Tag vor seinem Tod abgegeben! Es ist wirklich tragisch, dass er den Gewinn nicht mehr erlebt hat.“

Rolf, Nick Bersbach, Chris Custor, Maren und Nora Esser und nickten ebenfalls zustimmend.

„Und es gehört noch unser Michi, also unser jüngster Bruder dazu“, rief Elfie jetzt.
„Der ist allerdings zurzeit in Norwegen, in privaten Angelegenheiten. Sie müssen ihn aber dazu schreiben. Er ist auch Mitglied der Tippgemeinschaft.

Die Dame der Lotteriegesellschaft notierte alle Namen und wandte sich erneut an die kleine Gesellschaft, die sich an diesem Nachmittag in der Goldenen Gans mit ihr getroffen hatte.
„Dann benötige ich später noch Ihre Kontodaten; das Geld wird in den nächsten Tagen überwiesen!“

Nachdem die Glücksfee sich kurze Zeit später verabschiedet hatte, ging Chris zum Tresen, um Sekt für die neuen Millionäre zu holen.
„Ich finde es großartig, dass du es so gedreht hast“, sagte er zu Elfie, die ihm gefolgt war und die Gläser auf ein Tablett stellte.
„Und dass du Maren noch mit dazugemogelt hast, finde ich eben-

falls richtig; Sie hat euch zuliebe auf so vieles im Leben verzichtet!“

Elfie lächelte glücklich.
„Ja, Chris, so ist alles in Ordnung. Und ich kann dir gar nicht sagen, wie froh wir alle sind, dass Swantje sich gemeldet hat. Michi war so glücklich darüber und ich bin sicher, dass die zwei als Meeresbiologen ein Norwegen ein schönes, zufriedenes Leben haben werden. Und was das Geld angeht: Es macht einfach keinen Spaß, alleine reich zu sein. Und was Maren angeht: Es war doch selbstverständlich, dass wir sie beteiligen, vor allem jetzt, wo sie wegen der Schließung der Gärtnerei auch keine Arbeit mehr hat. Nun will ich nur hoffen, dass alle vernünftig sind und im Ort bleiben. Es reicht mir schon, dass der Michi fort ist, alles andere soll möglichst bleiben, wie es ist. Denn nirgends ist es so schön und friedlich wie bei uns in der Eifel.

Autorenportrait

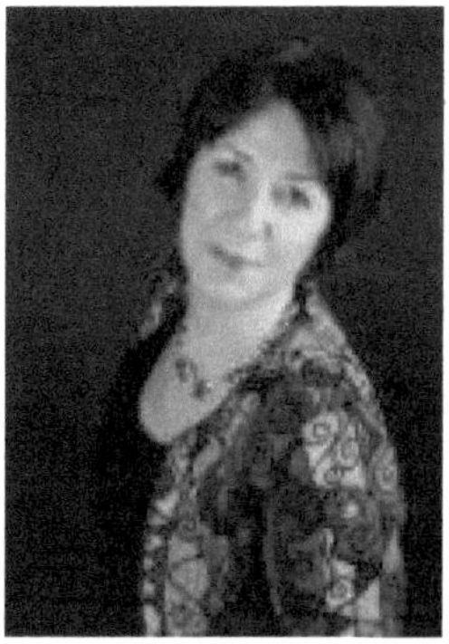

Cornelia H.-Müller ist seit 2006 als Autorin tätig. Ihr Genre sind Mitspielkrimis, Kinderspielgeschichten und Theaterstücke.

Autorenkontakt über
glashauskrimi@glashauskrimi.de

Besuchen Sie Cornelia H.-Müller auf ihrer Homepage:

www.glashauskrimi.de

Weitere Bücher von Cornelia H.-Müller, erschienen im Edition Paashaas Verlag:

Krimiparty:
5 neue Fälle für Ihre Ermittlungen zu Hause

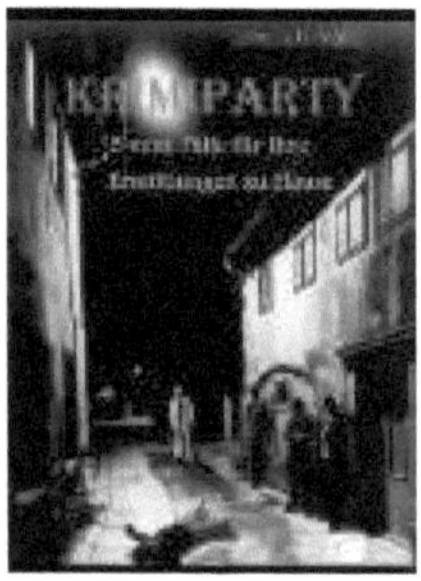

ISBN: 978-3-9813928-8-3, Preis: 13,95 €

Entdecken Sie Ihren kriminalistischen Spürsinn!
Mithilfe dieses Buches können Sie zu Hause gemeinsam mit Ihren Familienmitgliedern und Gästen auf Tätersuche gehen. Sie ermitteln und befragen, Sie bewerten Tatsachen und Aussagen und Sie finden schließlich heraus, wer der Täter oder die Täterin ist.

Diese Krimis finden Sie in dem Buch:
Irrtum oder Absicht? - Für 5-7 Spieler
Mord in bester Gesellschaft - Für 6 Spieler
Muttertag - Für 8-10 Spieler
Mann über Bord - Für 7-10 Spieler
Feine Verhältnisse! - Für 7-10 Spieler

Krimiparty Sonderausgabe 1: Plötzlich und erwartet

ISBN: 978-3-942614-25-2, Preis: 7,95 €

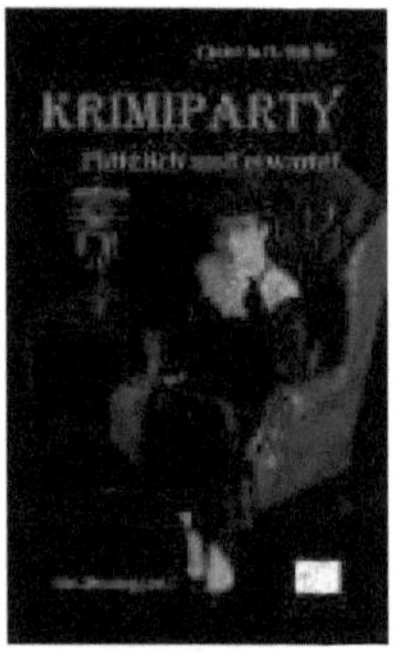

Karl-Friedrich von Staffelberg lädt seine Familie und einige Freunde zu einem feierlichen Weihnachtsessen ein. Zum ersten Mal ist in diesem Jahr auch Karl-Friedrichs frischangetraute dritte Ehefrau, die junge und schöne Jaqueline, dabei. Dies wäre kaum erwähnenswert, stünden nicht auch die beiden Ex-Ehefrauen des Fabrikanten, Irene und Monika, auf der Gästeliste. Zu alledem sieht sich der Gastgeber am Weihnachtsabend mit wirklich ärgerlichen Indiskretionen konfrontiert! Dennoch endet das Fest ganz harmonisch, doch am nächsten Morgen gibt es einen Toten in der Villa zu beklagen ...

Krimiparty Sonderausgabe 2:
Workshop mit Todesfolge
Ein Krimi aus dem Allgäu.
ISBN: 978-3-942614-39-9, Preis: 7,95 €

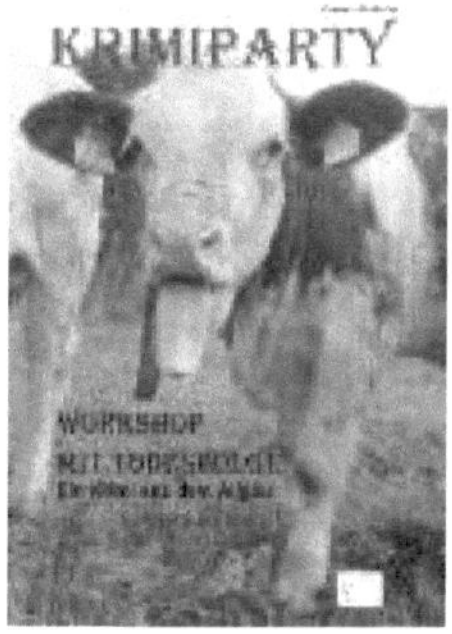

Toni Burger führt gemeinsam mit seiner Frau Zenzia einen einsam gelegenen Sennerhof inmitten des wunderschönen Allgäus. An einem Wochenende trifft sich dort oben auf 1800 m eine recht gemischte Reisegruppe, um mit einem Fasten- und Meditationsprogramm dem Alltag, zumindest für kurze Zeit, zu entfliehen. Ganz so friedlich wie die Wollschweine, die der Toni züchtet, ist die Gegend allerdings nicht, denn schon am zweiten Tag gibt es einen Toten zu beklagen. Warum dieser sterben musste, was ein Wollschwein-Workshop unter Männern damit zu tun hat und warum ein Sylter Strandkorb auf einem Sennerhof im Allgäu steht ... dies herauszufinden, wird Ihre Aufgabe sein.

Krimiparty Sonderausgabe 3: Die Rache
A Thriller - für Ladies only.
ISBN: 978-3-942614-41-2, Preis: 7,95 €
Die Rache ist süß... und manchmal zartbitter!

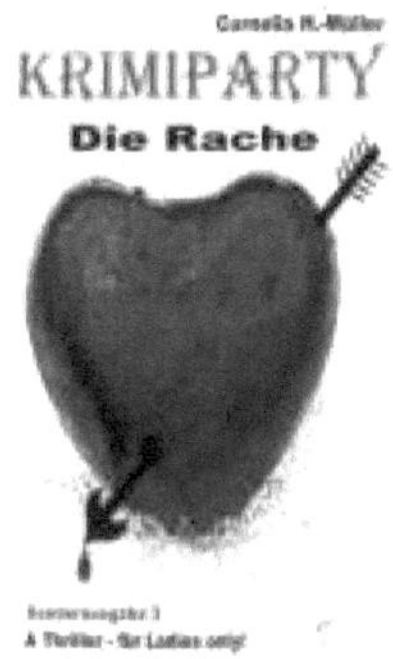

8 Frauen treffen sich an einem Wochenende im November in dem einsam gelegenen Landhaus der schwerreichen Camilla von Strelitz.
Dort, in den Highlands nahe Iverness, sorgen ein Stromausfall, ein durchgebrannter Gaul und ein Todesfall für reichlich Abwechslung. Ermitteln Sie mit, wenn wir versuchen, etwas Licht in diesen nebulösen Fall zu bringen.

Krimiparty Sonderausgabe 4: MorgenGrauen
Ein Mitspielkrimi aus Bayern
ISBN: 978-3-942614-58-0, Preis: 7,95 €

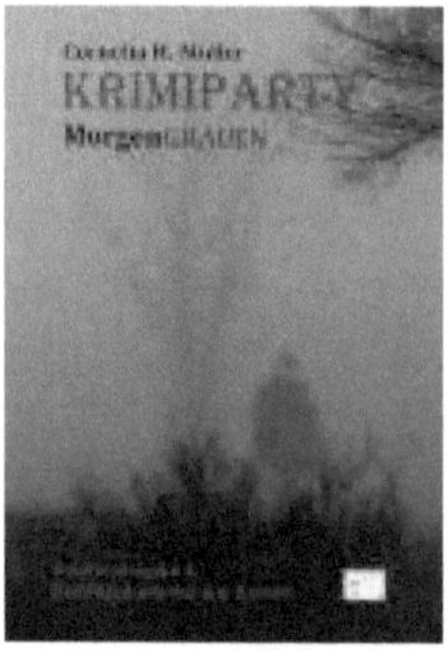

Lokalzeitung Wulfrathhausen:
Der Brauereibesitzer Konrad Weiblinger wurde bei einem Jagdunfall im Wulfrathshausener Forst tödlich verletzt.
Nähere Umstände zu dem tragischen Unglück sind bislang nicht bekannt. Der Unternehmer war weit über die Grenzen Bayerns hinaus bekannt und geschätzt. Besonders tragisch ist, dass Konrad Weiblinger am kommenden Montag die Münchner Immobilienhändlerin Susanne Schwammberger heiraten wollte...

Krimiparty Sonderausgabe 5: Spargelsilvester
Ein ländlicher Krimi nicht nur zur Spargelzeit!
ISBN: 978-3-942614-71-9, Preis: 7,95 €

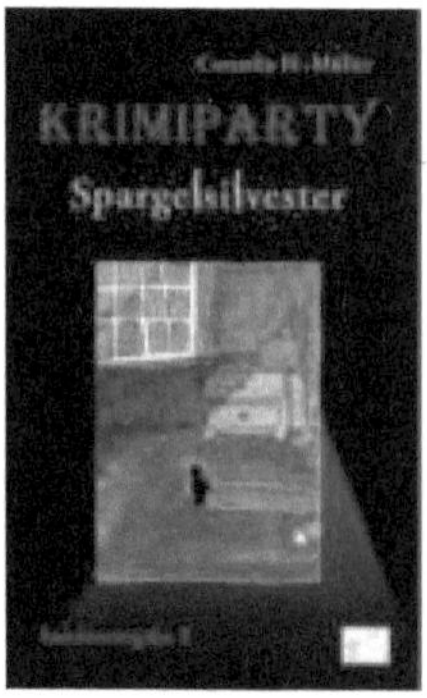

Harry Petterson, Spargelbauer und Besitzer von Gut Landswede in Schleswig-Holstein, hat großen Grund zur Sorge. Ein hässlicher Erbstreit trübt die Stimmung in der Familie ebenso, wie das außergewöhnliche Geschenk, welches Hetty dem gemeinsamen Sohn Heiko ohne jede Absprache zum 22. Geburtstag gemacht hat. Und Tochter Syke? Sie treibt sich neuerdings auffällig oft im Heu herum und zickt mit ihrer aus Amerika angereisten Kusine Jaba um die Wette. Als das für die Landarbeiter, Freunde und Nachbarn ausgerichtete Spargelfest zum Saisonende für einen der Bewohner des Hofes tödlich endet, beginnt der Alptraum für Harry und die Seinen allerdings erst so richtig!

Und als besonderes Highlight gibt es passend zum Krimi noch ein Spargelrezept von Sternekoch Sascha Stemberg!

Krimiparty Sonderausgabe 6 - Inkognito
- ein Hotelkrimi
Cornelia H.-Müller
ISBN: 978-3-945725-12-2, 7,95 €
Neuerscheinung Februar 2015

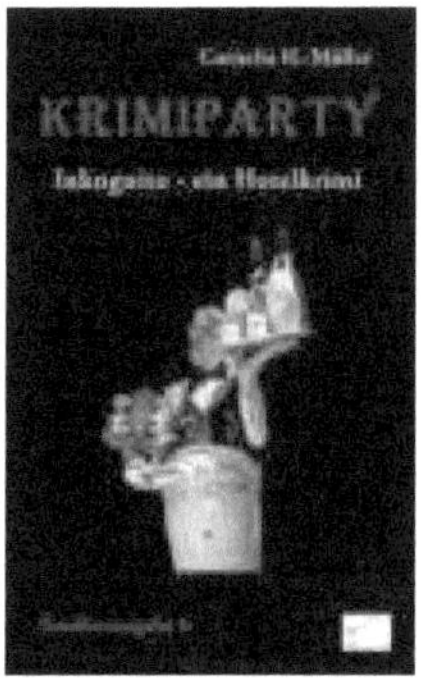

Spitzenkoch Jaques Pampelmues steht vor seinem größten Triumph; nachdem sein Kochbuch „Jaques á la Carte" seit Wochen auf den Bestsellerlisten steht, plant der Fernsehproduzent Frank Bachhausen jetzt eine eigene Kochshow im TV mit ihm. Man sollte annehmen, dies seien wunderbare Nachrichten für Jaques und seine tüchtige Frau Wanda, aber warum zickt Letztere plötzlich so herum? Und warum checkt die Schauspielerin Vanessa Steenhagen unter falschem Namen im Hotel Pampelmues ein? Eine Leiche in Zimmer 223, ein Feueralarm und zwei vertauschte Koffer führen zu weiterer Verwirrung in diesem undurchsichtigen Fall.

Krimiparty Kids - Band 1
Kunstraub in New York
ISBN: 978-3-945725-25-2, € 7,95

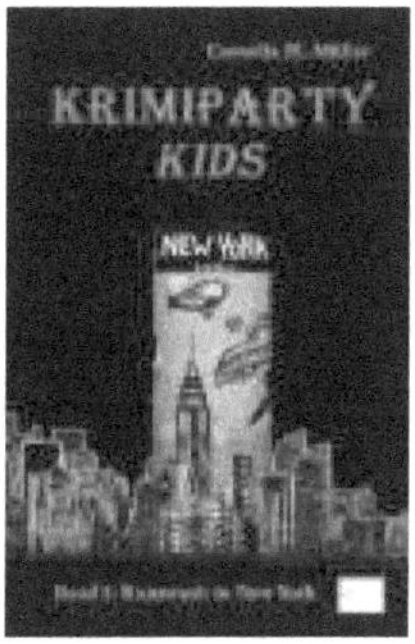

Der Künstler Harm Airbrush wittert die Chance seines Lebens, als eine New Yorker Galeristin völlig überraschend einen Besuch in seinem Hamburger Atelier ankündigt. Sie ist allerdings nur an einem einzigen Bild interessiert und dieses verschwindet wenig später auf rätselhafte Weise. Die Ermittlungen führen unsere Mitspieler bis nach New York. Werden sie den Kunstdieb entlarven können?

Anders als bei der beliebten Krimiparty-Reihe geht es bei *Krimiparty Kids* nicht um Mord. Daher sind diese Ermittlungen auch für ein jüngeres Publikum bestens geeignet.

Krimiparty Sonderausgabe 7 Bayern-Spezial mit 2 Fällen: MorgenGrauen + Neues aus Wulfrathshausen

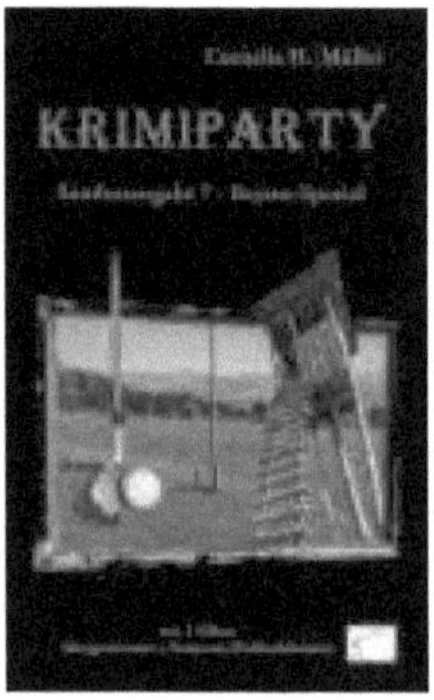

Beide Kriminalfälle sind unabhängig voneinander spielbar.
ISBN: 978-3-945725-45-0, 11,95 €

1: MorgenGrauen (Sonderausgabe 4)
Der Brauereibesitzer Konrad Weiblinger wird bei einem Jagdunfall im Wulfrathshausener Forst tödlich verletzt. Schnell steht fest, dass die Theorie eines Unfalls nicht aufrechterhalten werden kann. Aber wer hatte ein Motiv, den Unternehmer aus dem Weg zu räumen?

2: Neues aus Wulfrathshausen (Sonderausgabe 10)
Ganz Wulfrathshausen fiebert der Eröffnung des neuen Golfplatzes entgegen! Im Ort selbst trifft derweil der neue Pfarrer ein und überrascht die Dorfgemeinschaft ebenso mit seiner unkonventionellen Arbeitsweise wie mit Fragen zur Vergangenheit.
Ein Journalist aus Berlin, verschiedene DNA-Analysen und ein Drama auf der Driving-Range sind einige der Zutaten zu diesem Fortsetzungs-Krimi von "MorgenGrauen."

Krimiparty Sonderausgabe 8:
Der fast perfekte Mord - ein Sylt-Krimi
ISBN: 978-3-945725-84-9, 7,95 €

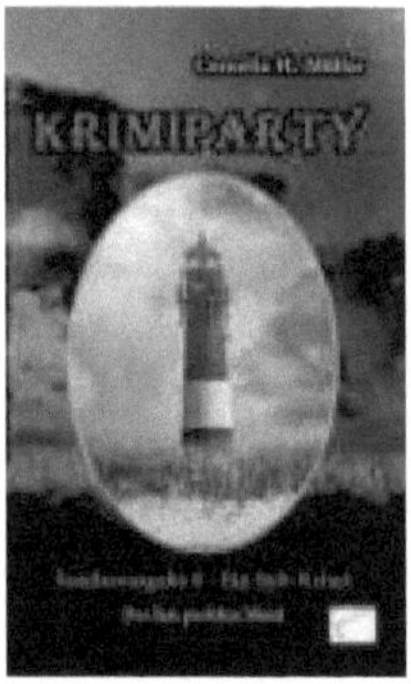

Auch ein so traumhafter Ort wie die wunderschöne Insel Sylt ist vor Verbrechen nicht gefeit. Kommissar Ludger Hansen hat in diesem Mitspielkrimi von Cornelia H.-Müller den Mord an einem Finanzbeamten aufzuklären.
Beinahe zeitgleich zu dem Verbrechen gab es am Strand von Hörnum einen seltsamen Unfall mit einem Schwerverletzten. Hängen beide Fälle zusammen oder ist dies einfach nur Zufall?

Krimiparty Sonderausgabe 9: Die Wette
ISBN: 978-3-945725-98-6, 7,95 €

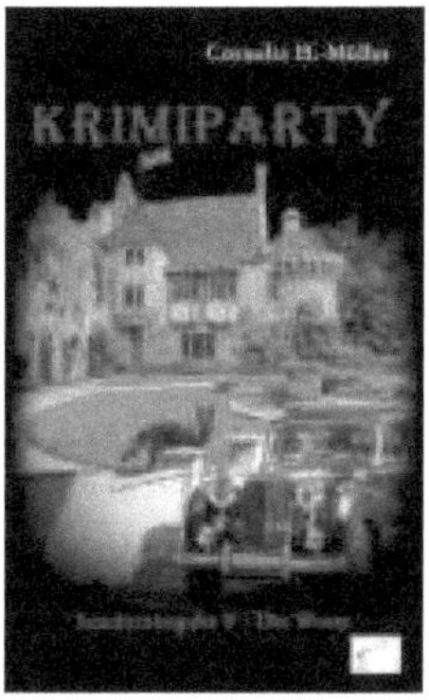

Lord Ashtenburry musste sein Anwesen, das altehrwürdige Linley-Castle, veräußern. Der neue Besitzer, ein texanischer Ölmilliardär, lädt die Ashtenburrys und weitere Gäste auf das Schloss ein. Keine leichten Zeiten für den gleich mit erworbenen Butler des Hauses. Trotzdem spricht alles für einen launigen Abend, bis es zu einer geradezu aberwitzigen Wette kommt. Noch vor Mitternacht gibt es eine Leiche und Inspector Hannibal Winter wird es nicht einfach haben, den Mord aufzuklären. Kommen Sie mit auf das schottische Schloss und versuchen Sie, den Fall mit Ihrem Ermittlerteam zu entwirren!

Murder Mystery Party 1: The Bet
ISBN: 978-3-96174-000-0
€ 9,95, USD: 13,95, GBP: 10,95
Translated from German to English by Annette Oppenlander, Bloomington, Indiana, USA

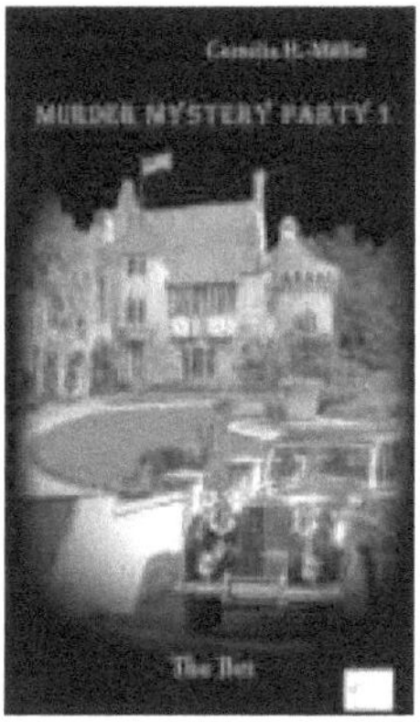

Lord Ashtenburry had to sell his manor, the venerable Linley Castle. The new owner, a Texan oil billionaire, invites the Ashtenburrys and other guests to the castle. Trying times for the butler who was included in the purchase. Nonetheless, everything appears to point to a jolly evening until a downright outrageous bet is placed. It is not even midnight when a dead body is discovered and Inspector Hannibal Winter will not have an easy time to resolve the murder. Come along to the Scottish castle and, together with your investigation team, try to solve the case! As always, this book is linked to the Internet. Find all necessary accessories here for download and printing.

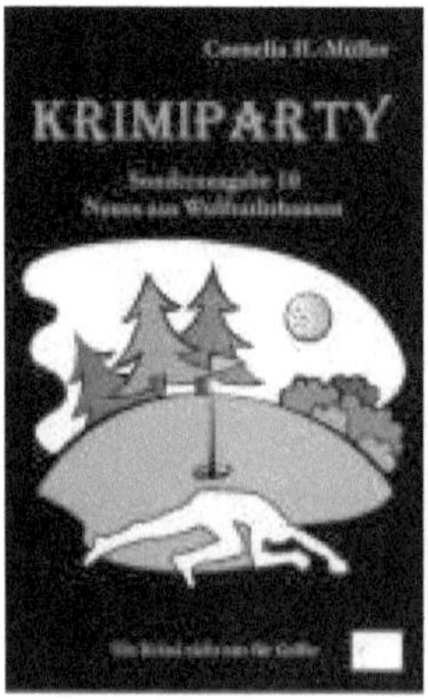

Krimiparty Sonderausgabe 10:
Neues aus Wulfrathshausen
Ein Krimi nicht nur für Golfer!
ISBN: 978-3-96174-002-4, € 7,95

Endlich ist es soweit!
Wulfrathshausen, ein kleiner Ort in Oberbayern bekommt nach langer Planungs- und Bauphase einen eigenen Golfplatz. Der Investor und Bauherr Xaver Moosgruber kann es kaum erwarten, diesen seiner Bestimmung zu übergeben.
Im Ort selbst trifft derweil der neue Pfarrer ein und überrascht die Dorfgemeinschaft ebenso mit seiner unkonventionellen Arbeitsweise wie mit Fragen zur Vergangenheit.
Ein Journalist aus Berlin, verschiedene DNA-Analysen und ein Drama auf der Driving-Range sind einige der Zutaten zu diesem Krimi aus Oberbayern.

Alle Bücher sind überall im Buchhandel erhältlich
oder auch unter: **www.verlag-epv.de** zu bestellen.

Dort gibt es auch weitere Informationen zur Autorin und natürlich für alle Kriminalfälle auch den Download-Bereich für das Zubehör.